教科書ワーク
もくじ

東京書籍版
漢字6年

【イラスト】植木美江

朗《ろう》読で表現しよう

基本のワーク

たずね合って考えよう
さなぎたちの教室

教科書 14～32ページ

勉強した日　月　日

◆「読み方」の赤い字は教科書で使われている読みです。 はまちがえやすい漢字です。

簡（14ページ）

簡　たけかんむり

とめる　はねる

読み方
カン
―

使い方
簡単《かんたん》・簡潔《かんけつ》・簡素《かんそ》

18画

反対の意味の言葉。
簡単《かんたん》↔複雑《ふくざつ》
「簡単」と似た意味の言葉の「単純《たんじゅん》」も覚えておこう。

筋（14ページ）

筋　たけかんむり

はねる

読み方
キン
すじ

使い方
筋肉《きんにく》・腹筋《ふっきん》
道筋《みちすじ》・筋《すじ》がいい

12画

窓（18ページ）

窓　あなかんむり

立てる　はねる

読み方
ソウ
まど

使い方
車窓《しゃそう》・同窓会《どうそうかい》
窓《まど》ぎわ

11画

枚（18ページ）

枚　きへん

はらう　とめる

読み方
マイ
―

使い方
一枚《いちまい》・枚数《まいすう》・大枚《たいまい》

8画

「枚」と数えるもの。
「枚」は、うすくて平たいものを数える言葉で、紙や板、金貨・銀貨のほか、鏡や田畑を数えるときにも使われるよ。

21ページ

幼 いとがしら

幼（はねる）

読み方

ヨウ
おさな**い**

使い方

幼虫《ようちゅう》・幼児《ようじ》
幼《おさな》いころ・幼《おさな》なじみ

5画

漢字の意味。
「幼」は、「年が若《わか》い」「未熟」という意味だよ。
また、「幼」の部首は、「力」(ちから)ではなく、
「幺」(いとがしら)だよ。

19ページ

宣 うかんむり

宣（立てる・はねる・長く）

読み方

セン
―

使い方

宣言《せんげん》・宣告《せんこく》・宣伝《せんでん》

9画

漢字の形に注意。
宣
「亘」を「旦」や「且」としないようにしよう。
横棒《よこぼう》「二」本の間に「日」だよ。

21ページ

革 かくのかわ つくりがわ

革（つき出さない）

読み方

カク
(かわ)

使い方

変革《へんかく》・改革《かいかく》・革命《かくめい》

9画

22ページ

裏 ころも

裏（立てる・長く・はらう）

読み方

(リ)
うら

使い方

裏《うら》と表・裏口《うらぐち》・裏切《うらぎ》る

13画

22ページ

並 いち

並（長く・つき出さない）

読み方

(ヘイ)
なみ・なら**べる**
なら**ぶ**・なら**びに**

使い方

並《なみ》の品物・本を並《なら》べる
二列に並《なら》ぶ

8画

漢字の意味。
「並」には、次の意味があるよ。
①ならぶ・ならべる。 例 並木
②よくも悪くもないこと。ふつう。
例 並製・並大てい

ものしりメモ
「革」には、「(けものの)かわ」という意味があるよ。「皮」にも似た意味があるけれど、
「革」は「なめしたかわ」、「皮」は「天然のかわ」を意味するというちがいがあるんだ。

23ページ

視

視　みる

あける　はねる　とめる

読み方

シ

―

使い方

視界《しかい》・視点《してん》・直視《ちょくし》

11画

部首に注意。

「視」には、「よく見る」「みなす」という意味があるよ。だから、「視」の部首は「ネ」（しめすへん）ではなく、「見」（みる）だよ。

23ページ

痛

痛　やまいだれ

立てる　はらう　はねる

読み方

ツウ

いた**い**

いた**む**・いた**める**

使い方

痛感《つうかん》・苦痛《くつう》・頭痛《ずつう》

頭が痛《いた》い・指を痛《いた》める

12画

24ページ

敬

敬　のぶん　ぼくにょう

はらう　はねる

読み方

ケイ

うやま**う**

使い方

敬遠《けいえん》・敬意《けいい》・敬語《けいご》

祖先を敬《うやま》う

12画

24ページ

敵

敵　のぶん　ぼくにょう

立てる　はらう　とめる　はねる

読み方

テキ

（かたき）

使い方

敵《てき》と戦う・強敵《きょうてき》・天敵《てんてき》

15画

25ページ

降

降　こざとへん

はらう　はねる　つき出す

読み方

コウ

お**りる**・お**ろす**

ふ**る**

使い方

昇降口《しょうこうぐち》・降下《こうか》・降車口《こうしゃぐち》

荷物を降《お》ろす・雨が降《ふ》る

10画

26ページ

姿

姿　おんな

はねる　はらう　少し出す　長く　とめる

読み方

シ

すがた

使い方

姿勢《しせい》・容姿《ようし》

元気な姿《すがた》

9画

漢字のでき方。

姿

次…「シ」という音《おん》と「ととのえる」という意味を表す。

女…「おんな」を表す。

女の人が身を整えた「すがた」を表すよ。

27ページ

胸

胸　にくづき

（とめる・はねる）

読み方
キョウ
むね・（むな）

使い方
胸囲《きょうい》・胸中《きょうちゅう》・度胸《どきょう》
胸《むね》を張って歩く

胸 胸 胸 胸 胸 胸 胸 胸 胸 胸

10画

「胸」を使った慣用句。

胸がすく…せいせいする。さっぱりする。
胸がおどる…心がわくわくする。
胸がつぶれる…ひどくおどろき悲しむ。
胸に刻《きざ》む…わすれないで、心にとどめる。

27ページ

吸

吸　くちへん

（つける位置・はらう）

読み方
キュウ
すう

使い方
吸引《きゅういん》・吸収《きゅうしゅう》・呼吸《こきゅう》
空気を吸《す》う

吸 吸 吸 吸 吸 吸

6画

27ページ

呼

呼　くちへん

（はねる）

読み方
コ
よぶ

使い方
呼気《こき》・点呼《てんこ》
名前を呼《よ》ぶ

呼 呼 呼 呼 呼 呼 呼 呼

8画

27ページ

忘

忘　こころ

（立てる・つき出す・とめる・はねる）

読み方
（ボウ）
わすれる

使い方
約束を忘《わす》れる・忘《わす》れ物

忘 忘 忘 忘 忘 忘 忘

7画

29ページ

閉

閉　もんがまえ

（少し出す・とめる・はねる）

読み方
ヘイ
とじる・（とざす）
しめる・しまる

使い方
閉店《へいてん》・目を閉《と》じる
店を閉《し》める・戸が閉《し》まる

閉 閉 閉 閉 閉 閉 閉 閉 閉 閉 閉

11画

30ページ

朗

朗　つき

（立てる・はねる）

読み方
ロウ
（ほがらか）

使い方
朗読《ろうどく》・朗報《ろうほう》・明朗《めいろう》

朗 朗 朗 朗 朗 朗 朗 朗 朗 朗

10画

漢字の形に注意。

朗
「阝」にしないように。
「良」ではないよ。

ものしりメモ　「閉じる」と「閉める」は似た意味の言葉だけど、使い方にちがいがあるよ。「目を閉じる」とはいっても「目を閉める」とはいわないよね。注意して使おう。

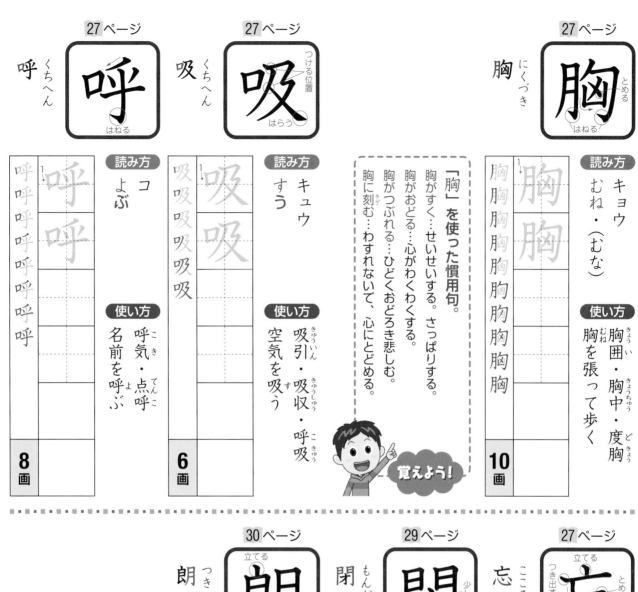

練習のワーク

たずね合って考えよう
さなぎたちの教室

教科書 14〜32ページ

答え 1ページ

勉強した日　　月　　日

1 新しい漢字を読みましょう。

① 14ページ （　　）簡単には見つからない。

② 答えへの（　　）道筋。

③ 16ページ （　　）窓ぎわの特等席。

④ （　　）一枚の花びら。

⑤ みんなの前で（　　）宣言する。

⑥ （　　）幼虫のだっ皮。

⑦ （　　）変革が行われる。

⑧ （　　）裏の池を回る。

⑨ （　　）並んで走る。

⑩ （　　）視界の中。

⑪ 特に（　　）痛くはない。

⑫ 人に（　　）敬遠される。

⑬ （　　）敵から守る。

⑭ （　　）昇《しょう》降口での出来事。

⑮ （　　）姿を見失う。

⑯ （　　）胸いっぱいにすう。

⑰ 空気を（　　）吸いこむ。

⑱ 相手に（　　）呼びかける。

⑲ わたしは（　　）忘れていない。

⑳ 目を（　　）閉じる。

㉑ （　　）朗読で表現する。

ここからはってん

✿㉒ 腹筋（　　）をきたえる。

✿㉓ 同窓会（　　）の案内がとどく。

✿㉔ 幼（　　）なじみと再会する。

✿㉕ つくえを並（　　）べる。

✿㉖ 頭痛（　　）が治まる。

✿㉗ 先生を敬（　　）う。

✿㉘ 雪が降（　　）る。

✿㉙ 美しい姿勢（　　）。

✿㉚ 度胸（　　）がある。

2 新しい漢字を書きましょう。〔　〕は、送りがなも書きましょう。

① 14ページ □□《かんたん》な問題。

② 頂《いただき》への□□《みちすじ》。

③ 16ページ □《まど》を開ける。

④ □□《いちまい》のチケット。

⑤ 開会□□《せんげん》をする。

⑥ カブトムシの□□《ようちゅう》。

⑦ 制度を□□《へんかく》する。

⑧ 表と□《うら》をまちがえる。

⑨ 列に〔　　〕《ならぶ》。

⑩ □□《しかい》がぼやける。

⑪ 頭が〔　　〕《いたい》。

⑫ 周囲から□□《けいえん》される。

⑬ □《てき》に立ち向かう。

⑭ 昇《しょう》□□《こうぐち》をそうじする。

⑮ □《すがた》を現す。

✿の漢字は新出漢字の別の読み方です。

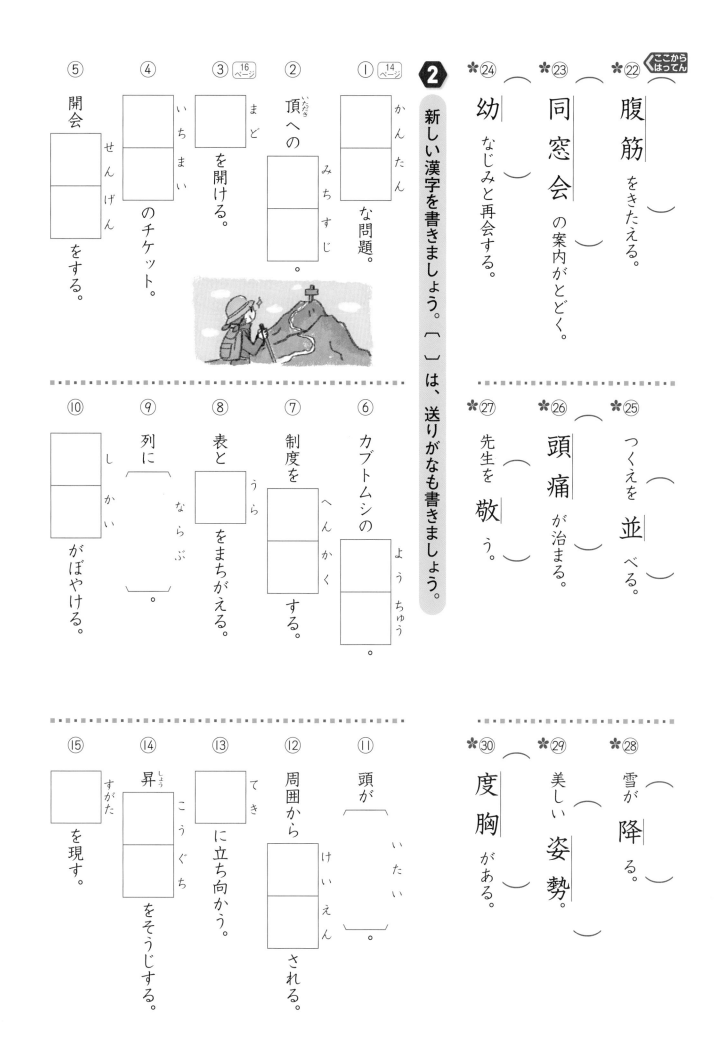

⑯ □《むね》が高鳴る。

⑰ 息を（　　　）《すう》。

⑱ 人を（　　　）《よぶ》。

⑲ 約束を（　　　）《わすれる》。

⑳ ドアを（　　　）《とじる》。

㉑ 詩を□□《ろうどく》する。

ここからはってん

✿㉒ □□□《どうそうかい》を開く。

✿㉓ □《おさな》なじみと遊ぶ。

✿㉔ □□《ずつう》がする。

✿㉕ □□《しせい》を正す。

3 漢字で書きましょう。（〜〜は、送りがなも書きましょう。太字は、この回で習った漢字を使ったことばです。）

① **かんたん**なりょうりを**つくる**。

② しょるいを**いちまい** **わすれる**。

③ かんぜんしょうりを**せんげん**する。

④ **へんかく**のじきがおとずれる。

⑤ みせにしょうひんが**ならぶ**。

⑥ **てき**から**けいえん**される。

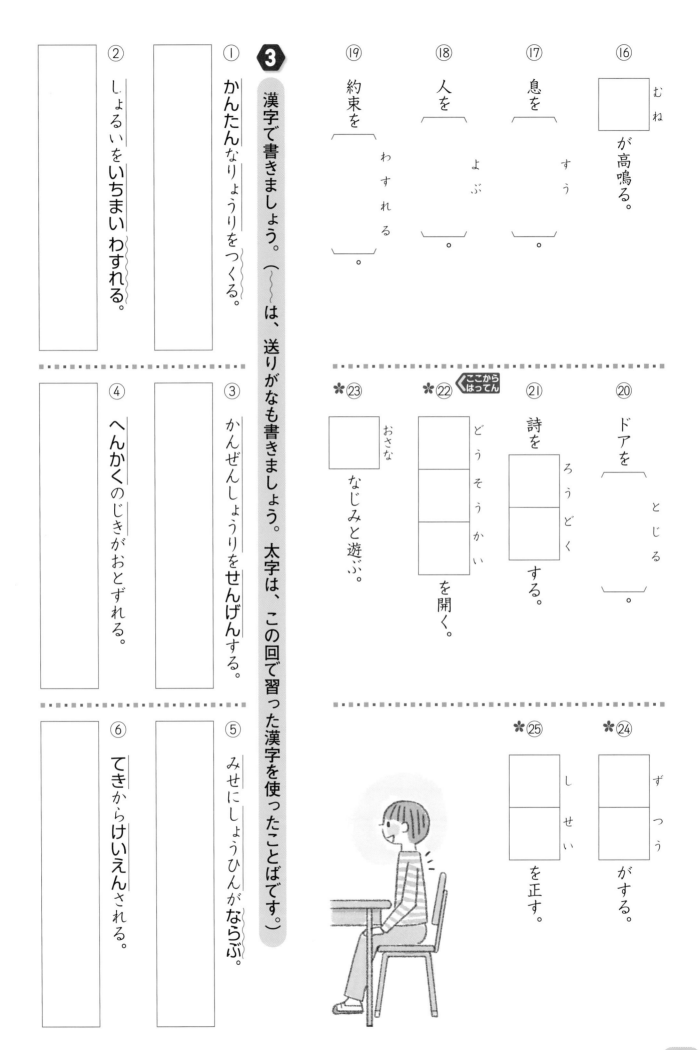

基本のワーク

漢字を使おう1

◆「読み方」の赤い字は教科書で使われている読みです。はまちがえやすい漢字です。

教科書 33ページ

勉強した日　月　日

漢字を使おう1

33ページ

創　りっとう

読み方
ソウ
つくる

使い方
創作《そうさく》・創造《そうぞう》・独創《どくそう》
文化を創《つく》る

創創創創創創創創創創創創

12画

同じ読み方の言葉。
創造《そうぞう》…初めてつくり出すこと。例 天地創造の神話。
想像《そうぞう》…心に思いえがくこと。例 場面を想像する。

33ページ

補　ころもへん

読み方
ホ
おぎなう

使い方
候補《こうほ》・補助《ほじょ》
欠員を補《おぎな》う

補補補補補補補補補補補補

12画

33ページ

拝　てへん

読み方
ハイ
おがむ

使い方
拝借《はいしゃく》・拝見《はいけん》・参拝《さんぱい》
神だなを拝《おが》む

拝拝拝拝拝拝拝拝

8画

漢字の形に注意。
拝
右側の部分の「手」は、横の画が四本だよ。四本だよ。

33ページ

郵　おおざと

読み方
ユウ
—

使い方
郵便《ゆうびん》・郵政《ゆうせい》・郵送《ゆうそう》

郵郵郵郵郵郵郵郵郵郵郵

11画

33ページ

就　だいのまげあし

読み方

シュウ・（ジュ）
（つく）（つける）

使い方

就任《しゅうにん》・就学《しゅうがく》・就職《しゅうしょく》

12画

33ページ

仁　にんべん

読み方

ジン・（ニ）
—

使い方

仁術《じんじゅつ》・仁義《じんぎ》

4画

漢字の意味。

「仁」とは、「思いやりの心」で物事をしようという、古代中国で生まれた考え方なんだ。だから、「仁術」は「思いやりの心を持った行い」という意味だよ。

33ページ

俵　にんべん

読み方

ヒョウ
たわら

使い方

土俵《どひょう》
米俵《こめだわら》・炭俵《すみだわら》

10画

33ページ

紅　いとへん

読み方

コウ・（ク）
べに・（くれない）

使い方

紅茶《こうちゃ》・紅白《こうはく》・紅葉《こうよう》
紅花《べにばな》・紅《べに》しょうが

9画

33ページ

縮　いとへん

読み方

シュク・ちぢむ
ちぢまる・ちぢめる
ちぢれる・ちぢらす

使い方

縮尺《しゅくしゃく》・短縮《たんしゅく》・服が縮《ちぢ》む
身を縮《ちぢ》める・毛が縮《ちぢ》れる

17画

33ページ

尺　しかばね／かばね

読み方

シャク
—

使い方

縮尺《しゅくしゃく》・尺度《しゃくど》・尺八《しゃくはち》

4画

33ページ

班　おうへん／たまへん

読み方

ハン
—

使い方

班《はん》で活動する・班長《はんちょう》
救護班《きゅうごはん》・作業班《さぎょうはん》

10画

ものしりメモ

「尺」は、昔、長さを表す単位として使われたんだ。「一尺」は、今の長さで約30.3センチメートルだよ。

練習のワーク

漢字を使おう1

教科書 33ページ　答え 1ページ

勉強した日　月　日

1 新しい漢字を読みましょう。

① 33ページ 物語を創作（　　）する。

② リレー選手の候補（　　）となる。

③ ペンを拝借（　　）する。

④ 手紙を郵便（　　）で送る。

⑤ 大統領に就任（　　）する。

⑥ 医は仁術（　　）。

⑦ 同じ土俵（　　）に上がる。

⑧ 紅茶（　　）を飲む。

⑨ 紅花（　　）の油を使う。

⑩ 縮尺（　　）を調べる。

⑪ ゴムが縮（　　）む。

⑫ 班（　　）で行動する。

ここからはってん

✿⑬ 未来を創（　　）る。

✿⑭ 栄養を補（　　）う。

✿⑮ 仏像を拝（　　）む。

✿⑯ 米俵（　　）を持ち上げる。

✿の漢字は新出漢字の別の読み方です。

2 新しい漢字を書きましょう。〔　〕は、おくりがなも書きましょう。

① 33ページ □□《そうさく》料理を食べる。

② 議長の□□《こうほ》となる人。

③ お手を□□《はいしゃく》する。

④ □□《ゆうびん》で荷物をおくる。

⑤ 会長に□□《しゅうにん》する。

⑥ □□《じんじゅつ》について学ぶ。

⑦ □□《どひょう》を作る。

⑧ □□《こうちゃ》を買う。

⑨ □□《べにばな》がさく。

⑩ □□《しゅくしゃく》を計算する。

⑪ セーターが〔　　〕《ちぢむ》。

⑫ □《はん》で話し合う。

ここからはってん

✿⑬ 欠員を□《おぎな》う。

✿⑭ 初日の出を□《おが》む。

✿⑮ □□《こめだわら》を保存《ぞん》する。

3 漢字で書きましょう。（〰は、おくりがなも書きましょう。太字は、この回で習った漢字を使った言葉です。）

① しんしきのきかいを**そうさく**する。

② ふくかいちょうの**こうほ**になる。

③ せんせいのじしょを**はいしゃく**する。

④ こづつみを**ゆうびん**でおくる。

⑤ しがつからちじに**しゅうにん**する。

⑥ あいての**どひょう**にのる。

⑦ あたたかいこうちゃをちゅうもんする。

⑧ ちずのしゅくしゃくをたしかめる。

⑨ はんごとにもんだいをとく。

4 漢字を使おう

五年生で習った漢字を書きましょう。〔　〕は、おくりがなも書きましょう。

① □□□《きゅうえきしゃ》の写真。

② □□《かいしゅう》工事が行われる。

③ 道路を□□《そくりょう》する。

④ □□《うんが》をわたる。

⑤ □《さくら》が満開になる。

⑥ 木の□《えだ》を切る。

⑦ 虫を□□《さいしゅう》する。

⑧ □《みき》が太い。

⑨ ベンチを□□《せっち》する。

⑩ 〔　〕《かい》犬と遊ぶ。

⑪ 〔　〕《いきおい》よく飛ぶ。

⑫ □□□□《じがじさん》。

⑬ □□《べんとう》を食べる。

⑭ バスの□□□《ていりゅうじょ》。

⑮ 〔　〕《かこい》の中を走る。

⑯ 土が〔　〕《あまる》。

⑰ □□《にわし》の仕事。

⑱ □□《ひりょう》をまく。

基本のワーク

社会教育施設《し》へ行こう／意見を聞いて考えよう

三字以上の熟語《じゅく》の構成

教科書 34〜45ページ

勉強した日 月 日

◆「読み方」の赤い字は教科書で使われている読みです。はまちがえやすい漢字です。

域（34ページ）

つちへん

わすれない／はねる

読み方 イキ

使い方 地域《ちいき》・区域《くいき》・領域《りょういき》

11画

展（34ページ）

しかばね／かばね

下を長く／はらう／はらう

読み方 テン

使い方 展示《てんじ》・展開《てんかい》・発展《はってん》

10画

漢字の形に注意。

域 八画目を忘れないようにね。

「域」は、「区切り」「さかい」「一定のはん囲」などの意味があるよ。

注意！

郷（34ページ）

おおざと

点をつけない／はらう／はねる

読み方 キョウ・（ゴウ）

使い方 郷土《きょうど》・郷里《きょうり》・故郷《こきょう》

11画

映（34ページ）

ひへん

つき出す／はらう

読み方 エイ うつる・うつす （はえる）

使い方 映像《えいぞう》・映画《えいが》・映写機《えいしゃき》 画面に映《うつ》る・水面に映《うつ》す

9画

覧（36ページ）

みる

はじめに書く／はねる

読み方 ラン

使い方 展覧会《てんらんかい》・一覧《いちらん》・回覧板《かいらんばん》

17画

40ページ

異

た　異

下を長く　とめる

読み方
イ
こと

使い方
異常《いじょう》・異議《いぎ》
意見が異《こと》なる

11画

44ページ

熟

れんが
れっか　熟

立てる　わすれない　はねる　はねる　点の向き

読み方
ジュク
（うれる）

使い方
熟語《じゅくご》・熟読《じゅくどく》・未熟《みじゅく》

15画

44ページ

賃

かい　賃

一番長く　とめる

読み方
チン
—

使い方
電車賃《でんしゃちん》・運賃《うんちん》・家賃《やちん》

13画

44ページ

盟

さら　盟

はねる　長く

読み方
メイ
—

使い方
加盟国《かめいこく》・盟約《めいやく》・同盟《どうめい》

13画

44ページ

警

げん　警

はらう　はねる　長く

読み方
ケイ
—

使い方
警察署《けいさつしょ》・警官《けいかん》・警報《けいほう》

19画

44ページ

署

あみがしら
よこめ　署

×四　長くはらう　下を長く

読み方
ショ
—

使い方
警察署《けいさつしょ》・署名《しょめい》・消防署《しょうぼうしょ》

13画

漢字の形に注意。
「署」と形が似ていて、読み方が同じ「暑」とまちがえないでね。
署…役所。書き記す。例 署長・署名
暑…あつい。例 暑中見まい

44ページ

蚕

むし　蚕

上を長く　とめる

読み方
サン
かいこ

使い方
養蚕業《ようさんぎょう》
蚕《かいこ》を育てる

10画

ものしりメモ
漢字三字以上の熟語には、「長＋時間」のように一字と二字の語が結びついたもの、「電車＋賃」のように二字と一字の語が結びついたものなど、いろいろな構成があるよ。

44ページ

善　くち

長く　つき出さない

読み方

ゼン

よ**い**

使い方

真善美《しんぜんび》・善良《ぜんりょう》・改善《かいぜん》

善《よ》い行い

12画

反対の意味の漢字。

善↔悪

合わせて「善悪」という熟語にもなるよ。

覚えよう！

45ページ

臨　しん

はじめに書く　少し大きく

読み方

リン

（のぞ**む**）

使い方

臨時列車《りんじれっしゃ》・臨機応変《りんきおうへん》

18画

45ページ

宇　うかんむり

立てる　はねる　下を長く　はねる

読み方

ウ

—

使い方

宇宙飛行士《うちゅうひこうし》・宇宙船《うちゅうせん》

6画

45ページ

宙　うかんむり

立てる　はねる　つき出す

読み方

チュウ

—

使い方

宇宙飛行士《うちゅうひこうし》・宙返《ちゅうがえ》り

8画

漢字の意味。

「宇」は、「天地四方の広がり」という意味。

「宙」は、「大空。空中」という意味。

つまり、「宇宙」は、「果てしない空間におおわれた世界」ということだね。

漢字の意味

45ページ

欲　あくび

とめる　はねる　はらう

読み方

ヨク

（ほっ**する**）（ほし**い**）

使い方

意欲的《いよくてき》・欲張《よくば》る・食欲《しょくよく》

11画

45ページ

穀　のぎへん

はねる　上を長く　はらう　とめる

読み方

コク

—

使い方

穀倉地帯《こくそうちたい》・穀物《こくもつ》・穀類《こくるい》

14画

ものしりメモ　「穀物」とは、種子を食べるために育てられる作物のこと。米・麦・あわ・ひえ・きびなどいろいろな穀物があるよ。

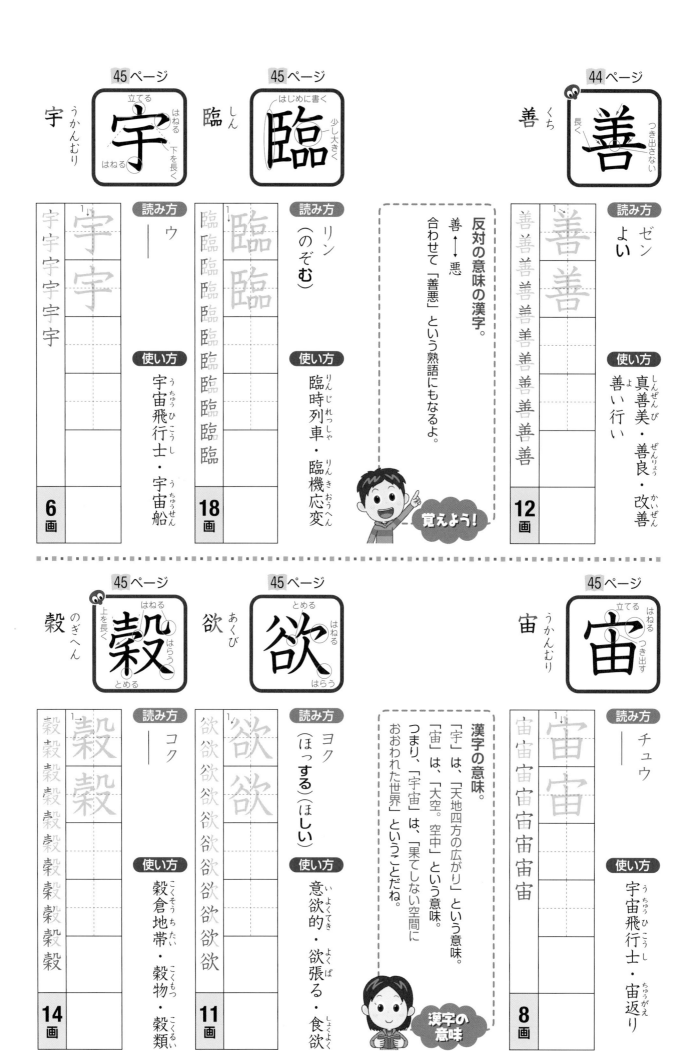

練習のワーク

社会教育施《し》設へ行こう／意見を聞いて考えよう
三字以上の熟語の構成

教科書 34～45ページ
答え 2ページ

勉強した日　月　日

1 新しい漢字を読みましょう。

① 34ページ （　）地域に関する本。

② まとめて（　）展示する。

③ （　）郷土の歴史。

④ （　）映像で学ぶ。

⑤ （　）展覧会に足を運ぶ。

⑥ 40ページ 見方が人によって（　）異なる。

⑦ 44ページ （　）熟語の構成。

⑧ （　）電車賃をはらう。

⑨ （　）加盟国を確認《にん》する。

⑩ （　）警察署を見学する。

⑪ （　）養蚕業を営む。

⑫ （　）真善美という理念。

⑬ （　）臨時列車が出る。

⑭ （　）宇宙飛行士になる。

⑮ （　）意欲的に取り組む。

⑯ 有名な（　）穀倉地帯。

ここから発展

✿⑰ 鏡に（　）映す。

✿⑱ （　）異常が見つかる。

✿⑲ （　）蚕にえさをやる。

✿の漢字は新出漢字の別の読み方です。

2 新しい漢字を書きましょう。

① 34ページ □□《ちいき》の図書かん。

② 絵を□□《てんじ》する。

③ □□《きょうど》の料理。

④ 昔の□□《えいぞう》を見る。

⑤ 美術□□□《てんらんかい》。

⑥ 40ページ 人と意見が□《こと》なる。

⑦ 44ページ 四字の□□《じゅくご》。

⑧ 学校までの□□□《でんしゃちん》。

⑨ 国連の□□□《かめいこく》。

⑩ 新しい□□□《けいさつしょ》。

⑪ □□□《ようさんぎょう》の学習。

⑫ □□□《しんぜんび》の考え方。

⑬ □□□□《りんじれっしゃ》。

⑭ □□□□□《うちゅうひこうし》。

⑮ □□□《いよくてき》に学習する。

⑯ □□□□《こくそうちたい》。

ここから発展

✿⑰ テレビに□《うつ》す。

✿⑱ □□《いじょう》な暑さが続く。

✿⑲ □《かいこ》を飼う。

3 漢字で書きましょう。（〰は、送りがなも書きましょう。太字は、この回で習った漢字を使った言葉です。）

① **ちいき**のおまつりにさんかする。

② こうこうせいのさくひんを**てんじ**する。

③ **きょうど**しりょうかんへいく。

④ やきゅうのしあいの**えいぞう**をながす。

⑤ **てんらんかい**でにゅうしょうする。

⑥ おやこでもこのみが**こと**なる。

⑦ **じゅくご**のいみをじしょでしらべる。

⑧ **りんじれっしゃ**の**でんしゃちん**。

⑨ **かめいこく**のしゅっせきをのぞむ。

⑩ **けいさつしょ**のうらにあるじんじゃ。

⑪ **ようさんぎょう**についてまなぶ。

⑫ **しんぜんび**のちょうわをもとめる。

⑬ **うちゅうひこうし**のくんれん。

⑭ **いよくてき**なたいどをひょうかする。

⑮ せかいさんだい**こくそうちたい**。

筆者の論《ろん》の進め方をとらえよう

基本のワーク

イースター島にはなぜ森林がないのか

教科書 46～58ページ

勉強した日　月　日

イースター島にはなぜ森林がないのか

◆「読み方」の赤い字は教科書で使われている読みです。●はまちがえやすい漢字です。

48ページ ●

遺（長く・つき出さない・一画・とめる）

遺　しんにょう　しんにゅう

読み方

イ・（ユイ）

—

使い方

遺跡《いせき》・遺産《いさん》・遺書《いしょ》

15画

49ページ

乳（はねる・はねる）

乳　おつ

読み方

ニュウ

ちち・（ち）

使い方

ほ乳動物《にゅうどうぶつ》・牛乳《ぎゅうにゅう》

やぎの乳《ちち》・乳《ちち》しぼり

8画

50ページ

樹（とめる・はねる）

樹　きへん

読み方

ジュ

—

使い方

樹木《じゅもく》・樹氷《じゅひょう》・街路樹《がいろじゅ》

16画

51ページ ●

蔵（わすれない・はらう・はねる）

蔵　くさかんむり

読み方

ゾウ

（くら）

使い方

無尽蔵《むじんぞう》・貯蔵《ちょぞう》・冷蔵庫《れいぞうこ》

15画

漢字の意味。

「蔵」は、「しまっておく」という意味のほかに、「くら」「物をしまっておく場所」という意味もあるよ。「倉」と意味や使い方が似ているから気をつけてね。

51ページ

宗（立てる・はねる・下を長く・はねる）

宗　うかんむり

読み方

シュウ・（ソウ）

—

使い方

宗教《しゅうきょう》・宗派《しゅうは》・改宗《かいしゅう》

8画

51ページ

刻

刻 りっとう

立てる　とめる　はねる

読み方

コク

きざ**む**

使い方

彫刻《ちょうこく》・定刻《ていこく》・夕刻《ゆうこく》

ねぎを刻《きざ》む

8画

漢字の意味。

「刻」には、いろいろな意味があるよ。

①きざむ。例 刻印

②時間。例 夕刻

③ひどい。例 深刻

52ページ

恩

恩 こころ

はらう　はねる

読み方

オン

―

使い方

恩恵《おんけい》・恩人《おんじん》・恩返《おんがえ》し

10画

「恩」を使った慣用句。

恩に着る…人にしてもらったことを、ありがたいと思う。

恩をあだで返す…人の親切に感謝するどころか、逆にその人に害をあたえる。

52ページ

推

推 てへん

はねる

読み方

スイ

（お**す**）

使い方

推定《すいてい》・推測《すいそく》・推量《すいりょう》

11画

52ページ

存

存 こ

少し出す　はねる

読み方

ソン・ゾン

―

使い方

存在《そんざい》・存続《そんぞく》・保存《ほぞん》

6画

52ページ

暮

暮 ひ

少し出す　長く　はらう

読み方

（ボ）

く**れる**・く**らす**

使い方

日が暮《く》れる

暮《く》らしを立てる

14画

部首に注意。

「暮」は、「太陽がしずんで暗くなる」「くれる」という意味だよ。だから、「暮」の部首は、「艹」（くさかんむり）ではなく、「日」（ひ）なんだね。まちがえないでね。

ものしりメモ

「樹」は、「立ち木」という意味があるよ。似た意味の「木」と組み合わせて、「樹木」という言葉があるね。ほかにも、「打ち立てる」という意味もあるから覚えておこう。

供（52ページ）

にんべん

（下を長く・とめる）

読み方
キョウ・(ク)
そな**える**・とも

使い方
供給《きょうきゅう》・提供《ていきょう》
供《そな》え物《もの》・子供《こども》

8画

同じ読み方の漢字。
供《そな》える…神や仏に物をささげる。
例 墓に花を供える。
備《そな》える…準備する。
例 災害に備える。

系（53ページ）

いと

（とめる）

読み方
ケイ
―

使い方
生態系《せいたいけい》・系統《けいとう》・系列《けいれつ》

7画

誤（55ページ）

ごんべん

（あける・少しあける）

読み方
ゴ
あやま**る**

使い方
誤解《ごかい》・誤字《ごじ》
漢字の使い方を誤《あやま》る

14画

傷（55ページ）

にんべん

（長く・はねる）

読み方
ショウ
きず
(いた**む**)(いた**める**)

使い方
軽傷《けいしょう》・負傷《ふしょう》
傷《きず》つく・傷薬《きずぐすり》

13画

厳（55ページ）

つかんむり

（はらう・はらう・つき出さない）

読み方
ゲン・(ゴン)
(おごそ**か**)・きび**しい**

使い方
厳守《げんしゅ》・厳重《げんじゅう》
厳《きび》しい練習

17画

論（56ページ）

ごんべん

（あける・はねる）

読み方
ロン
―

使い方
論《ろん》を進める・論争《ろんそう》・結論《けつろん》

15画

段（56ページ）

るまた

（はねる・つき出す・はらう）

読み方
ダン
―

使い方
段落《だんらく》・階段《かいだん》・値段《ねだん》

9画

ものしりメモ
「系」の総画数は七画で、一画目は右から左にはらうよ。「糸」という漢字にとても似ているから、一画目を書き忘れないように、漢字の形に気をつけよう。

筆者の論の進め方をとらえよう

練習のワーク

イースター島にはなぜ森林がないのか

教科書 46～58ページ

答え 2ページ

勉強した日　月　日

1 新しい漢字を読みましょう。

① 46ページ 遺跡《せき》の調査。

② ほ乳動物。

③ 樹木の花粉。

④ 無尽《じん》蔵なエネルギー。

⑤ 宗教的な目的。

⑥ 彫《ちょう》刻をほどこす。

⑦ 恩恵《けい》を受ける。

⑧ 原因を推定する。

⑨ 太い木が存在する。

⑩ 人々の暮らし。

⑪ 持続的に供給する。

⑫ 生態系へのえいきょう。

⑬ 利用方法を誤る。

⑭ 木の幹を傷つける。

⑮ 厳しい運命をたどる。

⑯ 論の進め方をとらえる。

⑰ 段落に分ける。

ここから発展

✿⑱ 牛の乳しぼり。

✿⑲ ねぎを刻む。

✿⑳ 米を保存する。

✿㉑ きまりを厳守する。

✿の漢字は新出漢字の別の読み方です。

2 新しい漢字を書きましょう。〔　〕は、送りがなも書きましょう。

①（46ページ） 島に残る□《い》跡《せき》。

② ほ□《にゅう》るいに分るいされる。

③ □□《じゅもく》の化石。

④ 無尽《じん》□《ぞう》の体力。

⑤ 新しい□□《しゅうきょう》。

⑥ めずらしい彫《ちょう》□《こく》。

⑦ □《おん》恵《けい》にあずかる。

⑧ 時間を□□《すいてい》する。

---

⑨ □□《そんざい》感がある人。

⑩ 豊かな〔　〕《くらし》。

⑪ 商品が□□《きょうきゅう》される。

⑫ 森の□□□《せいたいけい》。

⑬ 判断を〔　〕《あやまる》。

⑭ ゆかを□《きず》つける。

⑮ 寒さが〔　〕《きびしい》。

⑯ □《ろん》を展開する。

---

⑰ □□《だんらく》に番号をつける。

ここから発展

✿⑱ □《ちち》しぼりを体験する。

✿⑲ 時を□《きざ》む。

✿⑳ □□《ほぞん》できる期間。

✿㉑ 時間を□□《げんしゅ》する。

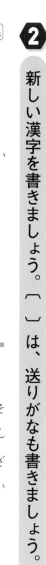

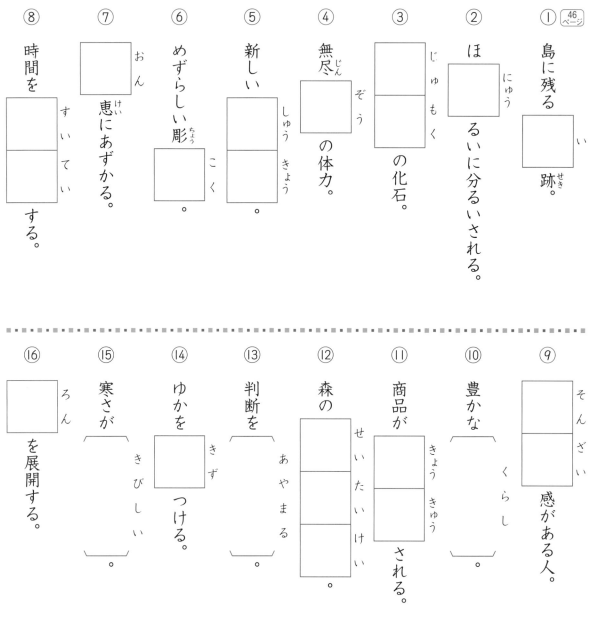

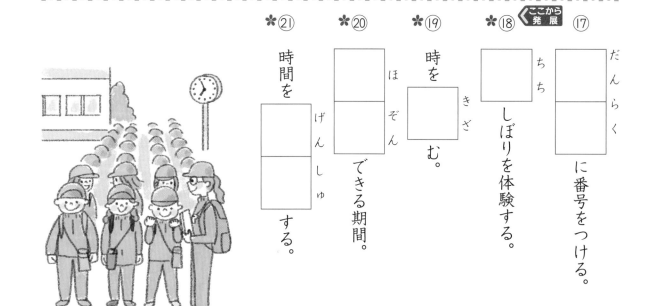

3 漢字で書きましょう。（〰は、送りがなも書きましょう。太字は、この回で習った漢字を使った言葉です。）

① いせきについての**ろん**をしめす。

② ほ**にゅう**るいのしんかについてまなぶ。

③ **じゅもく**のなまえをしらべる。

④ むじん**ぞう**のスタミナをてにいれる。

⑤ **しゅうきょう**についてけんきゅうする。

⑥ うつくしいちょう**こく**がのこる。

⑦ ただいな**おん**けいにかんしゃする。

⑧ せかいのじんこうを**すいてい**する。

⑨ そふぼの**そんざい**はおおきい。

⑩ けんこうてきな**くらし**をする。

⑪ いんようすいを**きょうきゅう**する。

⑫ うみの**せいたいけい**をまもる。

⑬ くすりのふくようを**あやまる**。

⑭ れんしゅうが**きびしい**。

⑮ **だんらく**のないようをたしかめる。

基本のワーク

漢字を使おう2

教科書 59ページ

勉強した日　月　日

漢字を使おう2

59ページ

胃　にく・にくづき

胃（大きく　とめる　はねる）

読み方
イ
―

使い方
胃《い》の痛み・胃腸《いちょう》
胃《い》ぶくろ

胃 胃 胃 胃 胃 胃 胃 胃 胃

9画

漢字の形に注意。
○ 胃　× 胃
下の部分の一画目は「トメ」。
「月」とならないようにしよう。

59ページ

腸　にくづき

腸（長く　はねる）

読み方
チョウ
―

使い方
腸《ちょう》の働き・胃腸《いちょう》
小腸《しょうちょう》・大腸《だいちょう》

腸 腸 腸 腸 腸 腸 腸 腸 腸 腸 腸 腸 腸

13画

◆「読み方」の赤い字は教科書で使われている読みです。

「月」のつく漢字。
「月」(にく・にくづき)は、体に関係のある漢字につくよ。時間に関係のある「月」(つき)と区別しよう。
「にく・にくづき」のつく漢字…胃　胸　腸
脳《のう》　背《せ》　肺《はい》　腹《はら》　脈　など。

59ページ

肺　にくづき

肺（立てる　はねる　とめる　はねる）

読み方
ハイ
―

使い方
肺《はい》の機能・肺活量《はいかつりょう》

肺 肺 肺 肺 肺 肺 肺 肺 肺

9画

漢字のでき方。
肺
市…「植物のふたばが開く様子」
↓肺の形を表すよ。
月…「体」を表すよ。

59ページ

脳　にくづき

脳（とめる・はねる）

読み方

ノウ

―

使い方

脳《のう》の活性化・脳波《のうは》

11画

注意！

同じ読み方の漢字。

脳《のう》…のうみそ。頭の働き。中心となるもの。

例 首脳・頭脳・大脳

能《のう》…できる。物事を成しとげる力。ききめ。

例 能力・可能・効能

59ページ

臓　にくづき

臓（わすれない・はねる・はらう・はねる）

読み方

ゾウ

―

使い方

心臓《しんぞう》・臓器《ぞうき》・内臓《ないぞう》

19画

でき方

漢字のでき方。

「臓」は、体を表す部首の「⺼」（にくづき）と、「中にしまう」という意味を持つ「蔵」を組み合わせてできた漢字だよ。「体内におさめられている、いろいろな器官」を意味するよ。

59ページ

舌　した

舌（長く・つける）

読み方

（ゼツ）

した

使い方

舌《した》を出す・舌打《したう》ち

6画

覚えよう！

「舌」を使った言葉。

舌が回る…よく話す。口が達者なこと。

舌を出す…相手をばかにする。自分の失敗をはじたり、照れたりすること。

舌を巻《ま》く…とてもおどろき、感心すること。

読みかえの漢字

59ページ	59	59	59
行《ゆく》	後《のち》	戸《コ》	家《ケ》
行《ゆ》く末	くもり後《のち》晴れ	戸外《こがい》	家来《けらい》

ものしりメモ

「脳みそをしぼる」など、体の一部を表す漢字を使った慣用句はたくさんあるよ。
「骨《ほね》が折れる」「腹を決める」「鼻につく」「目が高い」などもそうだね。

練習のワーク

漢字を使おう2

教科書 59ページ　答え 2ページ

勉強した日　月　日

1 新しい漢字を読みましょう。

① 59ページ 胃（　　）の検査をする。

② 腸（　　）の働きをみる。

③ 肺（　　）の構造。

④ 脳（　　）の仕組み。

⑤ 心臓（　　）の音を聞く。

⑥ 舌（　　）を出す。

⑦ 行（　　）く末があんじられる。

⑧ くもり 後（　　） 雨。

⑨ 戸外（　　）でけがをする。

⑩ 家来（　　）がおじぎをする。

2 新しい漢字を書きましょう。〔　〕は、送りがなも書きましょう。

① 59ページ □《い》の薬を飲む。

② □《ちょう》の健康を保つ。

③ □《はい》がふくらむ。

④ □《のう》を活性化させる。

⑤ □□《しんぞう》を移植する。

⑥ □《した》を鳴らす。

⑦ □《ゆく》末をみまもる。

⑧ □《のち》の世をあんずる。

⑨ □□《こがい》に出しておく。

⑩ □□《けらい》を引き連れる。

3 漢字で書きましょう。（〰は、送りがなも書きましょう。太字は、この回で習った漢字を使った言葉です。）

① **い**のなかをカメラでみる。

② **ちょう**のうごきをしらべる。

③ **はい**はさゆうりょうがわにある。

④ **のう**のしゅじゅつをする。

⑤ **しんぞう**がみゃくうつのをかんじる。

⑥ きずついた**した**がいたむ。

⑦ **ゆく**てにはきぼうがある。

⑧ **のち**ほどいまにあんないする。

⑨ **こがい**でつめたいみずをあびる。

⑩ しゅじんが**けらい**にめいじる。

4 漢字を使おう

五年生で習った漢字を書きましょう。〔　〕は、送りがなも書きましょう。

① □□《きしょう》予報を見る。

② □□《かこ》をふり返る。

③ □□《げんざい》の様子を伝える。

④ □□《ぎょうせい》の指示にしたがう。

⑤ □□《ぜいきん》でまかなう。

⑥ 台風が□□《せっきん》する。

⑦ 水害に〔　　《そなえる》〕。

⑧ □□□《えいせいてき》な部屋。

⑨ □□《きあつ》が下がる。

⑩ □□□《ぼうふうう》に関する情報。

⑪ □□□《ひじょうしょく》を用意する。

⑫ □□《もうふ》をかける。

⑬ 体育館へゆう□《どう》する。

⑭ 道に〔　　《まよう》〕。

⑮ 家が〔　　《もえる》〕。

⑯ □□《かさい》が発生する。

⑰ □□《きゅうじょ》を待つ。

⑱ □□《さんそ》ボンベを使う。

基本のワーク

いざというときのために／文と文とのつながり
漢文に親しもう

教科書 62〜73ページ

勉強した日　月　日

◆「読み方」の赤い字は教科書で使われている読みです。●はまちがえやすい漢字です。

62ページ
私　のぎへん

読み方
シ
わたくし・わたし

使い方
私語《しご》・私《わたくし》ども
姉さんと私《わたし》

7画

漢字の意味。
「私」は自分自身を指す言葉で、「わたくし」は、「わたし」よりも改まった言葉だよ。自分自身を指す言葉はほかにも、「ぼく」「おれ」などがあるね。

63ページ
危　ふしづくり

読み方
キ
あぶない
(あやうい)(あやぶむ)

使い方
危機《きき》・危険《きけん》
危《あぶ》ない場所

6画

63ページ
策　たけかんむり

読み方
サク
—

使い方
対策《たいさく》・策略《さくりゃく》・政策《せいさく》

12画

68ページ
卵　ふしづくり

読み方
(ラン)
たまご

使い方
魚の卵《たまご》・生卵《なまたまご》

7画

68ページ
割　りっとう

読み方
(カツ)
わる・わり・われる
(さく)

使い方
皿を割《わ》る・役割《やくわり》
ガラスが割《わ》れる

12画

68ページ

洗 さんずい

洗（下を長く・はねる）

読み方

セン
あら**う**

使い方

洗顔《せんがん》・洗練《せんれん》
手洗《てあら》い・顔を洗《あら》う

9画

「洗」を使った言葉。
洗顔
洗面
どちらも顔をあらうこと。
洗練…人がらや文章などをみがいて、上品ですぐれたものにすること。

68ページ

机 きへん

机（はねる・とめる）

読み方

（キ）
つくえ

使い方

大きな机《つくえ》・勉強机《べんきょうづくえ》

6画

68ページ

誕 ごんべん

誕（あける・×壬・二画）

読み方

タン
―

使い方

誕生日《たんじょうび》・生誕《せいたん》

15画

68ページ

砂 いしへん

砂（小さく・はねる・とめる・長くはらう）

読み方

サ・（シャ）
すな

使い方

砂糖《さとう》・砂金《さきん》・砂鉄《さてつ》
砂場《すなば》・砂時計《すなどけい》

9画

68ページ

糖 こめへん

糖（立てる・つき出す・とめる・はらう）

読み方

トウ
―

使い方

砂糖《さとう》・糖分《とうぶん》・ぶどう糖《とう》

16画

漢字の部首。

「糖」の部首は、「米」（こめへん）。この部首は穀物やその加工品に関する漢字が多いよ。ほかには「粉」「精」などがあるね。

漢文に親しもう

72ページ

暖 ひへん

暖（下を長く・はらう・つき出さない）

読み方

ダン
あたた**か**・あたた**かい**
あたた**まる**・あたた**める**

使い方

暖流《だんりゅう》・温暖《おんだん》
暖《あたた》かい気候

13画

ものしりメモ

「机」を使った言葉に、「机上《きじょう》の空論」があるよ。「机上の空論」とは、理くつばかりで、実際には役に立たない議論のことをいうよ。

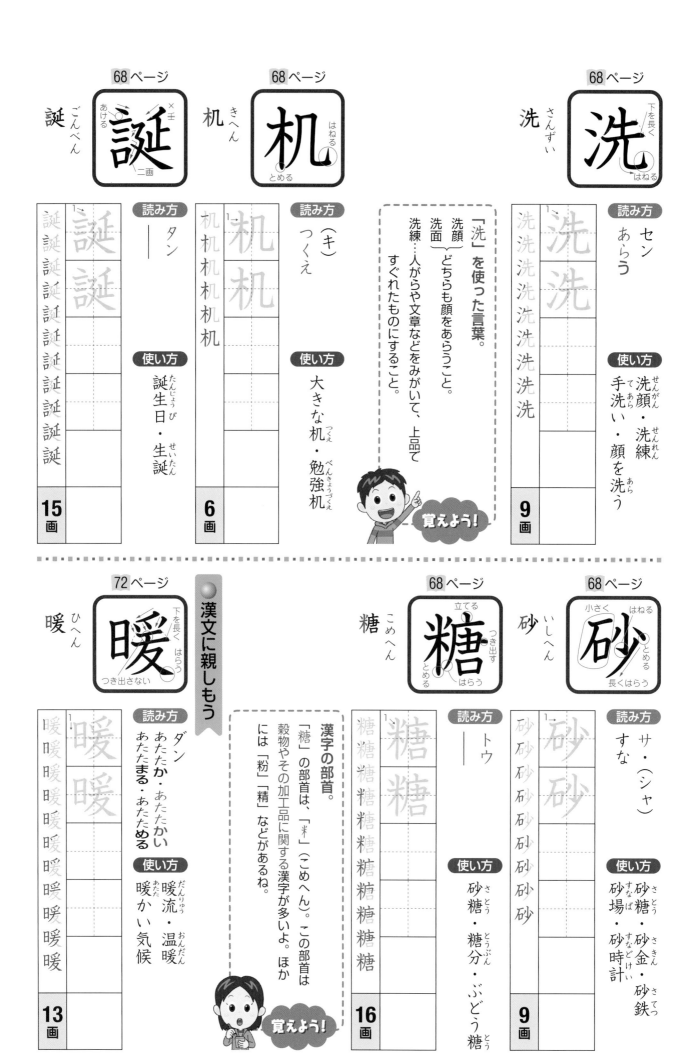

練習のワーク

いざというときのために／文と文とのつながり
漢文に親しもう

教科書 62〜73ページ
答え 3ページ

勉強した日　月　日

1 新しい漢字を読みましょう。

① 62ページ 私（　　）たちの身の回り。

② 危機（　　）意識が低い。

③ 熱心に対策（　　）を立てる。

④ 68ページ 私が買った卵（　　）。

⑤ 石が割（　　）れる。

⑥ 食器を洗（　　）う。

⑦ 父と机（　　）を作る。

⑧ 昨年の誕生日（　　）。

⑨ 砂糖（　　）を使わないケーキ。

⑩ 70ページ 春は暖（　　）かい。

ここから発展

✿⑪ 私語（　　）をつつしむ。

✿⑫ 危（　　）ない目にあう。

✿⑬ 重要な役割（　　）をになう。

✿⑭ 朝の洗顔（　　）。

✿⑮ 砂場（　　）で遊ぶ。

2 新しい漢字を書きましょう。〔　〕は、送りがなも書きましょう。

① 62ページ □《わたし》たちの学校。

② □□《きき》を乗りこえる。

③ テストの□□《たいさく》をする。

✿の漢字は新出漢字の別の読み方です。

④ 68ページ
□《たまご》を買う。

⑤ 鏡が（　）《われる》。

⑥ タオルを（　）《あらう》。

⑦ □《つくえ》を運ぶ。

⑧ □□□《たんじょうび》を祝う。

⑨ □□《さとう》を加える。

⑩ 70ページ
（　）《あたたかい》気候。

✿⑪ ここから発展
□□《しご》をしない。

✿⑫ □《あぶ》ない橋をわたる。

✿⑬ □□《やくわり》を分担《たん》する。

✿⑭ 水で□□《せんがん》をする。

✿⑮ 公園の□□《すなば》。

3 漢字で書きましょう。（〜〜は、送りがなも書きましょう。太字は、この回で習った漢字を使った言葉です。）

① **わたし**の**たんじょうび**は**にがつ**だ。

② **きき**に**ちょくめん**する。

③ あんぜん**たいさく**をこうじる。

④ **たまご**と**さとう**を**まぜる**。

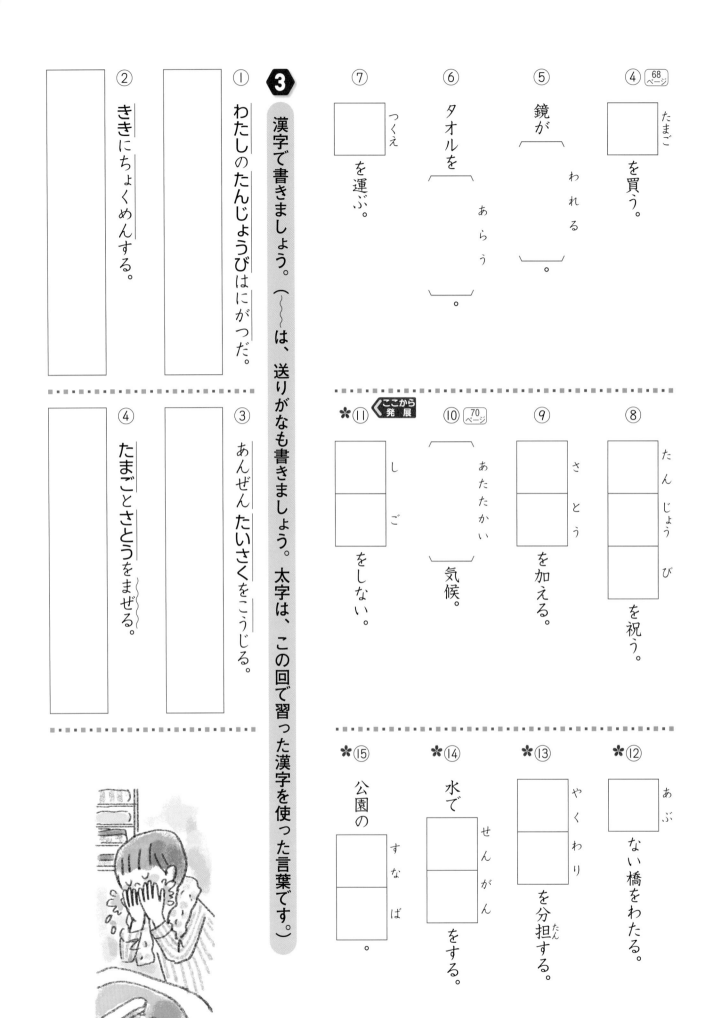

基本のワーク

風切るつばさ 漢字を使おう3

教科書 76〜87ページ

勉強した日　月　日

◆「読み方」の赤い字は教科書で使われている読みです。●はまちがえやすい漢字です。

風切るつばさ

若（78ページ）くさかんむり　（長く）

読み方：(ジャク)(ニャク)　わかい・(もしくは)

使い方：年が若《わか》い・若者《わかもの》・若葉《わかば》

8画

巻（78ページ）ふしづくり　（つき出す・はらう・つける位置・あける・はねる）

読み方：カン　まく・まき

使い方：巻末《かんまつ》・上巻《じょうかん》　うず巻《ま》く・上の巻《まき》

9画

訳（79ページ）ごんべん　（あける・つける位置・はらう）

読み方：ヤク　わけ

使い方：通訳《つうやく》・英語に訳《やく》す　言《い》い訳《わけ》・訳《わけ》がある

11画

背（80ページ）にく・にくづき　（はねる）

読み方：ハイ　せ・せい　(そむく)(そむける)

使い方：背後《はいご》・背景《はいけい》　いすの背《せ》・背比《せいくら》べ

9画

片（80ページ）かた　（つき出す・はらう）

読み方：(ヘン)　かた

使い方：片《かた》すみ・片手《かたて》・片道《かたみち》

4画

でき方

漢字のでき方。「片」は、木をたてに半分に切った右側の形からできた漢字で、「かたほう」「切れはし」の意味を表すよ。

87ページ

処

つくえ 処

はねる　はらう

読み方
ショ
―

使い方
応急処置《おうきゅうしょち》・対処《たいしょ》

5画

87ページ

誌

ごんべん 誌

あける　上を長く　はねる

読み方
シ
―

使い方
雑誌《ざっし》・日誌《にっし》・月刊誌《げっかんし》

14画

87ページ

詞

ごんべん 詞

あける　はねる

読み方
シ
―

使い方
歌詞《かし》・動詞《どうし》・名詞《めいし》

12画

87ページ

誠

ごんべん 誠

あける　わすれない　はねる

読み方
セイ
（まこと）

使い方
誠実《せいじつ》・誠意《せいい》・忠誠《ちゅうせい》

13画

87ページ

忠

こころ 忠

つき出す　はねる

読み方
チュウ
―

使い方
忠誠《ちゅうせい》・忠告《ちゅうこく》・忠実《ちゅうじつ》

8画

漢字のでき方。

「忠」は、「中」（まんなか）と「心」を組み合わせてできた漢字だよ。心の中心、「まごころ」という意味を表すよ。

でき方

87ページ

亡

なべぶた 亠

立てる　つき出す　とめる

読み方
ボウ・（モウ）
（ない）

使い方
滅亡《めつぼう》・亡命《ぼうめい》・死亡《しぼう》

3画

「亠」のつく漢字。

「亡」の部首は、「亠」だよ。「亠」は、なべのふたに似ていることから、「なべぶた」というよ。ほかにも、「京」「交」などの部首も「亠」だよ。

覚えよう！

ものしりメモ

「誌」には、「雑誌」という意味があるよ。「誌面」は「雑誌の記事がのっている面（ページ）」のこと。新聞の場合には「紙面」と書くので注意しよう。

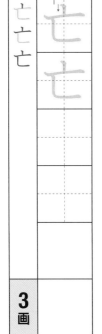

練習のワーク

風切るつばさ
漢字を使おう3

教科書 76〜87ページ
答え 3ページ

勉強した日　月　日

1 新しい漢字を読みましょう。

① 76ページ （若）いツルの群れ。
② 風がうず（巻）く。
③ 言い（訳）をする。
④ （背）を向ける。
⑤ 野原の（片）すみ。

⑥ 87ページ 応急（処置）の方法。
⑦ （雑誌）の刊行。
⑧ 心を打つ（歌詞）。
⑨ （誠実）な話し方。
⑩ （忠誠）をちかう。
⑪ （滅《めつ》亡）の危機。

ここから発展

✿⑫ （巻末）に資料を付ける。
✿⑬ （通訳）を目指す。
✿⑭ （背後）に回る。
✿⑮ （背）比べをする。

2 新しい漢字を書きましょう。〔　〕は、送りがなも書きましょう。

① 76ページ 〔　　〕《わかい》樹木。
② タオルを頭に〔　　〕《まく》。
③ □《わけ》を話す。

✿の漢字は新出漢字の別の読み方です。

④ □《せ》がのびる。

⑤ 教室の□《かた》すみ。

⑥ 87ページ 適切な□□《しょち》をする。

⑦ □□《ざっし》を買う。

⑧ 曲に□□《かし》をつける。

⑨ □□《せいじつ》に対応する。

⑩ □□《ちゅうせい》をつくす。

⑪ 国が滅《めつ》□《ぼう》する。

ここから発展

✿⑫ □□《かんまつ》の付録。

✿⑬ □□《つうやく》をつける。

✿⑭ □□《はいご》から近づく。

3 漢字で書きましょう。（〰は、送りがなも書きましょう。太字は、この回で習った漢字を使った言葉です。）

① **せ**のたかい**わかい**じょせい。

② けがをしたゆびにほうたいを**まく**。

③ しゅくだいをわすれた**わけ**をきく。

④ あたまの**かた**すみにおく。

⑤ きゅうめい**しょち**のてじゅんをまなぶ。

⑥ えいごですべての**かし**をかく。

⑦ **せいじつ**なたいどのせいねん。

⑧ けらいがおうに**ちゅうせい**をちかう。

4 漢字を使おう

五年生で習った漢字を書きましょう。〔　〕は、送りがなも書きましょう。

①　□□《れきし》がある。

②　自然を□□《ほご》する。

③　お□《どう》に入る。

④　□□□□《でんとうりょうり》。

⑤　食事に〔　　〕《まねく》。

⑥　□□《だいぶつ》を見上げる。

⑦　美しい□□《けんちく》物。

⑧　大きな□□《とりい》。

⑨　白いドレスの□□《しんぷ》。

⑩　両親に□□《かんしゃ》する。

⑪　お□《はか》参りをする。

⑫　□□《そせん》を敬う。

⑬　□□□□《ひゃくえんきんいつ》。

⑭　有名な□□《こうこく》。

⑮　日本の文化に□□《きょうみ》がある。

⑯　□□《しつもん》をくり返す。

⑰　思わず□□《ぜっく》する。

⑱　□□□□《しゅうだんとうこう》。

⑲　□□□□《おうだんほどう》。

基本のワーク

インターネットの投稿《こう》を読み比べよう

勉強した日　月　日

インターネットの投稿を読み比べよう

◆「読み方」の赤い字は教科書で使われている読みです。

94ページ

担　てへん　8画

×且　長く　はねる

読み方：タン　(かつぐ)(になう)

使い方：負担《ふたん》・担当《たんとう》・加担《かたん》

94ページ

値　にんべん　10画

折れる

読み方：チ　ね・(あたい)

使い方：価値《かち》・数値《すうち》　値打《ねう》ち・値段《ねだん》

95ページ

激　さんずい　16画

立てる　はらう　はねる

読み方：ゲキ　はげしい

使い方：激戦《げきせん》・感激《かんげき》　激《はげ》しい雨

95ページ

疑　ひき　14画

つき出さない　はねる　はらう　とめる

読み方：ギ　うたがう

使い方：疑問《ぎもん》・半信半疑《はんしんはんぎ》　人を疑《うたが》う・疑《うたが》わしい

96ページ

障　こざとへん　14画

立てる　はねる　下を長く　一番長く

読み方：ショウ　(さわる)

使い方：故障《こしょう》・支障《ししょう》　保障《ほしょう》・障子紙《しょうじがみ》

形が似ている部首

「障」の部首は、「阝」(こざとへん)。段のついた土の山の形をしており、「ふくらんだところ」の意味があるよ。「都」「郡」などの部首「阝」(おおざと)とまちがえないでね。

注意！

練習のワーク

インターネットの投稿《こう》を読み比べよう

教科書 90～100ページ
答え 3ページ

勉強した日　月　日

1 新しい漢字を読みましょう。

① 90ページ 体に負担（　　）をかける。

② 価値（　　）を考える。

③ 激（　　）しいトレーニング。

④ 常識を疑（　　）う。

⑤ 故障（　　）につながる。

ここから発展

✿⑥ 値段（　　）が上がる。

✿⑦ 激戦（　　）を制する。

✿⑧ 疑問（　　）を投げかける。

2 新しい漢字を書きましょう。〔　〕は、送りがなも書きましょう。

① 90ページ □□《ふたん》を軽減する。

② □□《かち》ある勝利。

③ 変化が〔　　〕《はげしい》。

④ 目を〔　　〕《うたがう》。

⑤ 車が□□《こしょう》する。

ここから発展

✿⑥ □□《げきせん》をくぐりぬける。

✿⑦ □□《ぎもん》について調べる。

✿の漢字は新出漢字の別の読み方です。

夏休み まとめのテスト①

教科書 14～100ページ
答え 3ページ

時間 20分

得点 /100点

勉強した日 月 日

1 ――線の漢字の読み方を書きましょう。 一つ2（28点）

① 正解への道筋を簡単に見つける。
② ヒビが入った窓ガラスを一枚かえる。
③ お寺の裏に満開の桜が並ぶ。
④ 敵の姿を見失う。
⑤ 詩を創作する宿題を忘れる。
⑥ 班の書記係の候補となる。
⑦ 警察署の最《も》寄り駅までの電車賃。

2 □は漢字を、（　）は漢字と送りがなを書きましょう。 一つ2（28点）

① チョウの□□《ようちゅう》。
② 組織の□□《へんかく》。
③ □□《けいえん》される。
④ □《むね》をなでおろす。
⑤ 口を（　）《とじる》。
⑥ 筆を□□《はいしゃく》する。
⑦ □□《ゆうびん》ポスト。
⑧ □□《しゅうにん》会見。
⑨ □□《どひょう》の土。
⑩ ゴムが（　）《ちぢむ》。
⑪ □□□《てんらんかい》。
⑫ 二字□□《じゅくご》。
⑬ □□□《かめいこく》。
⑭ □□《うちゅう》飛行士。

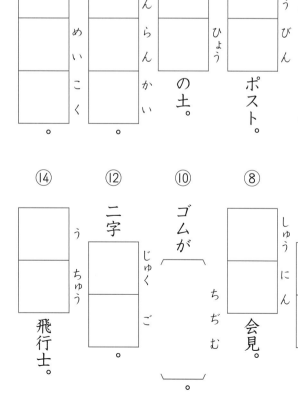

3 次の漢字の部首名を（　）に書き、何に関係する部首かをア～オから選んで、□に記号を書きましょう。 一つ2（10点）

① 郷（　　）□
② 呼（　　）□
③ 痛（　　）□
④ 眼（　　）□
⑤ 域（　　）□

ア 口　イ 目　ウ 病　エ 村　オ 土

4 次の漢字と［　］の漢字を組み合わせて、じゅく語を作りましょう。 一つ2（12点）

① □読
② □術
③ □度
④ □言
⑤ 意□
⑥ □肉

欲　尺　朗
宣　筋　仁

5 次の――線の漢字の読み方を書きましょう。 一つ2（20点）

① 善
1 善い行いを心がける。（　　）
2 食生活を改善する。（　　）

② 蚕
1 養蚕農家をたずねる。（　　）
2 蚕のまゆから生糸《きいと》をとる。（　　）

③ 紅
1 紅茶にレモンを入れる。（　　）
2 紅花が花をさかせる。（　　）

④ 異
1 異議を唱える。（　　）
2 異なる色を混ぜる。（　　）

⑤ 供
1 電力を供給する。（　　）
2 酒を供える。（　　）

6 次の筆順のうち、正しいほうに○をつけましょう。 一つ1（2点）

① 吸
ア（　）丶 口 吖 吸 吸
イ（　）丶 口 叨 吸 吸

② 降
ア（　）丨 阝 阝 降 降
イ（　）フ 阝 阝 降 降

夏休み まとめのテスト❷

教科書 14～100ページ
答え 4ページ
時間 20分
得点 /100点
勉強した日 月 日

1 ――線の漢字の読み方を書きましょう。 一つ2（28点）

① 遺跡《せき》（　）（　）にほどこされた彫《ちょう》刻（　）（　）を調べる。

② 新たなほ乳（　）動物の存在（　）（　）が明らかになる。

③ 強風のえいきょうで、樹木（　）（　）に傷（　）がつく。

④ 私（　）は砂糖（　）（　）をとりすぎないようにしている。

⑤ 買い物ぶくろをおとして卵（　）が割（　）れる。

⑥ 机（　）の上にあるコップを洗（　）う。

⑦ 車の故障（　）（　）の原因を疑（　）う。

2 □は漢字を、〔　〕は漢字と送りがなを書きましょう。 一つ2（28点）

① □□（しゅうきょう）の起こり。

② □（おん）恵《けい》を受ける。

③ 都会の〔　　〕（くらし）。

④ 電力の□□（きょうきゅう）。

⑤ □□□（せいたいけい）。

⑥ □（ろん）を進める。

⑦ 形式□□（だんらく）。

⑧ くもり□（のち）雨。

⑨ □□（こがい）遊び。

⑩ 〔　　〕（わかい）芽。

⑪ 言い□（わけ）をする。

⑫ けがの□□（しょち）。

⑬ 人類の滅《めつ》□（ぼう）。

⑭ □□（かち）がある。

3 次の――線の言葉を、漢字と送りがなで書きましょう。 一つ2（8点）

① きびしい訓練にたえる。［　　　　］

② 毒をもつ虫はあぶない。［　　　　］

③ あたたかい日が続く。［　　　　］

④ はげしい雨が降る。［　　　　］

4 同じ部分をもつ漢字を、□に書きましょう。①・②ともに体の部分を示す言葉です。 一つ2（12点）

① □《い》・□《せ》中

② □《きん》肉・□《のう》・□《はい》・□《ちょう》

5 同じ読みをする別の漢字を、□に書きましょう。 一つ2（8点）

①
1 冷□《ぞう》庫に入れる。
2 心□《ぞう》の検査。

②
1 日□《し》を書く。
2 作□《し》家になる。

6 次の熟語の構成をア～ウから選んで、記号を書きましょう。 一つ2（12点）

① 忠誠心（　　） ② 心技体（　　）

③ 低負担（　　） ④ 松竹梅（　　）

⑤ 誕生日（　　） ⑥ 未対策（　　）

ア 一字の語＋二字熟語。

イ 二字熟語＋一字の語。

ウ 一字の語が三つ並ぶ。

7 次の漢字の総画数を、（　）に数字で書きましょう。 一つ1（4点）

① 誤（　　）画 ② 巻（　　）画

③ 片（　　）画 ④ 卵（　　）画

基本のワーク

心の動きを俳句《はい》で表そう 話し合って考えを深めよう／漢字を使おう4

教科書 112～123ページ

勉強した日　月　日

◆「読み方」の赤い字は教科書で使われている読みです。（マーク）はまちがえやすい漢字です。

心の動きを俳句で表そう／話し合って考えを深めよう

俳（112ページ）　俳　にんべん　10画

読み方：ハイ／—

使い方：俳句《はいく》・俳人《はいじん》・俳優《はいゆう》

探（114ページ）　探　てへん　11画

読み方：タン／（さぐる）・さがす

使い方：探究《たんきゅう》・探検《たんけん》／住む家を探《さが》す

沿（118ページ）　沿　さんずい　8画

読み方：エン／そう

使い方：沿岸《えんがん》・沿線《えんせん》／初めの計画に沿《そ》う

届（119ページ）　届　しかばね かばね　8画

読み方：—／とどける・とどく

使い方：書類を届《とど》ける／手紙が届《とど》く

漢字を使おう4

株（123ページ）　株　きへん　10画

読み方：—／かぶ

使い方：切《き》り株《かぶ》・株券《かぶけん》／株式会社《かぶしきがいしゃ》

送りがなに注意。
「届」の送りがなは、「届ける」「届く」だけれど、「欠席届」のように、決まった書式を表すときは、送りがなをつけないよ。

注意！

123ページ

看 め

看（一番長く）

読み方

カン

—

使い方

看板《かんばん》・看護《かんご》・看病《かんびょう》

9画

漢字のでき方。

「看」は、「手」＋「目」でできているよ。だから、「手を目の上にかざして、よく見る」という意味の漢字だよ。

123ページ

座 まだれ

座（立てる・とめる・はらう・下を長く）

読み方

ザ

（すわる）

使い方

星座《せいざ》・座席《ざせき》・正座《せいざ》

10画

漢字のでき方。

「座」は、家の屋根を表す「广」と、地面を表す「土」と、「人」を組み合わせた漢字だよ。「家の中で人が二人すわっている」ことを表しているんだね。

123ページ

盛 さら

盛（わすれない・はねる・はねる・長く）

読み方

（セイ）（ジョウ）

もる

（さかる）（さかん）

使い方

盛《も》り上《あ》げる・山盛《やまも》り

料理を皿に盛《も》る

11画

123ページ

券 かたな

券（つき出す・つき出さない・下を長く・はねる）

読み方

ケン

—

使い方

発券《はっけん》・株券《かぶけん》・券売機《けんばいき》

乗車券《じょうしゃけん》・入場券《にゅうじょうけん》

8画

123ページ

専 すん

専（長く・はねる）

読み方

セン

（もっぱら）

使い方

専門《せんもん》・専属《せんぞく》・専念《せんねん》

9画

読みかえの漢字

123ページ

玉《ギョク》

玉座《ぎょくざ》

123

読《トク》

読本《とくほん》

ものしりメモ

「守株」(しゅしゅ)という故事成語があるよ。古い習慣を守って進歩しないことをいうんだ。どんな故事からできた言葉か、調べてみよう。

練習のワーク

心の動きを俳句で表そう
話し合って考えを深めよう／漢字を使おう4

教科書 112〜123ページ

答え 4ページ

勉強した日　月　日

1 新しい漢字を読みましょう。

① 112ページ 心の動きを俳句（　）で表す。

② 言葉を探（　）す。

③ 116ページ 計画に沿（　）う。

④ メールがすぐに届（　）く。

⑤ 123ページ 切り株（　）にすわる。

⑥ 看板（　）を見る。

⑦ 星座（　）の名前を知る。

⑧ ゲームを盛（　）り上げる。

⑨ チケットを発券（　）する。

⑩ 科学を専門（　）とする。

⑪ 玉座（　）につく。

⑫ 料理の読本（　）を買う。

ここから発展

✿⑬ 山を探検（　）する。

✿⑭ 沿岸（　）漁業がさかんな町。

2 新しい漢字を書きましょう。〔　〕は、送りがなも書きましょう。

① 112ページ □□《はいく》を作る。

② 駅を〔　〕《さがす》。

③ 116ページ 大きな川に〔　〕《そう》。

✿の漢字は新出漢字の別の読み方です。

④ 荷物が（　　）《とどく》。

⑤ 123ページ 切り（　）《かぶ》のテーブル。

⑥ 立て（　　）《かんばん》を設置する。

⑦ 夏の（　　）《せいざ》。

⑧ 土を中央に（　　）《もる》。

⑨ （　　）《はっけん》機に並ぶ。

⑩ 動物（　　）《せんもん》の雑誌。

⑪ 金色の（　　）《ぎょくざ》。

⑫ 編み物（　　）《とくほん》をもらう。

✿⑬ ここから発展 （　　）《たんけん》家にあこがれる。

3 漢字で書きましょう。（〜〜は、送りがなも書きましょう。太字は、この回で習った漢字を使った言葉です。）

① **はいく**のきごを**さがす**。（　　）

② おきゃくさんのようぼうに**そう**。（　　）

③ **せいざ**のしゃしんしゅうが**とどく**。（　　）

④ びよういんの**かんばん**がかわる。（　　）

⑤ たんじょうびかいを**もり**あげる。（　　）

⑥ チケットの**はっけん**をおこなう。（　　）

⑦ ほいくをせんもんにまなぶ。

⑧ おうさまがぎょくざにかける。

⑨ すうしゅるいのとくほんがある。

4 漢字を使おう

五年生で習った漢字を書きましょう。〔　〕は、送りがなも書きましょう。

① 飛行機と〔　　〕《くらべる》。

② 二人分の□□《りょひ》がかかる。

③ □□《ちょきん》をする。

④ 太平洋を□□《こうかい》する。

⑤ □□《へんきょう》の地をたずねる。

⑥ 船で□□《おうふく》する。

⑦ □□《にってい》を決める。

⑧ □□《じゅんじょ》を変える。

⑨ 象に乗る□《ゆめ》を見る。

⑩ □□□《きこうぶん》を書く。

⑪ □□《かいてき》な気候。

⑫ 車で□□《いどう》する。

⑬ クルーズ船が□□《きこう》する。

⑭ 外で□□《えいぎょう》する。

⑮ 白い□□《ようき》に入れる。

⑯ □□《かかく》を聞く。

⑰ □□□□《たんどくこうどう》。

⑱ 社長□□《ふさい》に会う。

⑲ □□□《にがおえ》をかく。

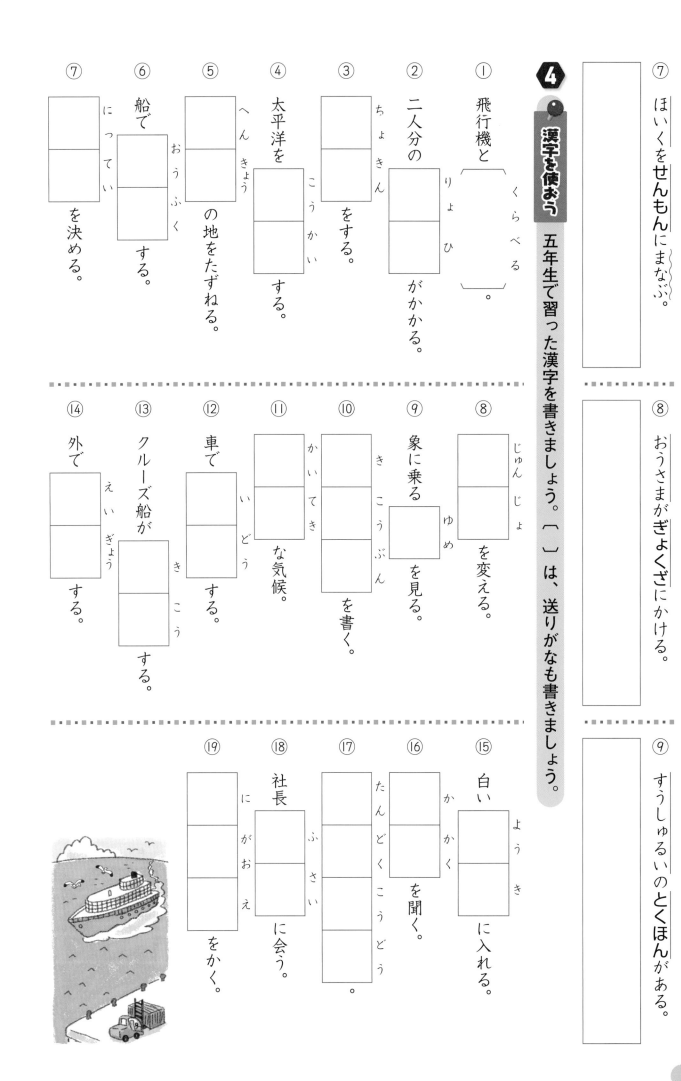

表現に着目して読み、考えたことを伝え合おう

基本のワーク

模《も》型のまち

教科書 126〜148ページ

勉強した日　月　日

模型のまち

128ページ

模（きへん　模）
とめる　はらう

読み方：モ・ボ

使い方：模型《もけい》・模様《もよう》・規模《きぼ》

14画

129ページ

純（いとへん　純）
つき出す　はねる　はらう　とめる

読み方：ジュン

使い方：単純《たんじゅん》・純情《じゅんじょう》・純金《じゅんきん》

10画

漢字の意味

「純」は、「まじりけのない」という意味があるよ。だから、「純金」は「まじりけのない金」、「純真」「純情」は「けがれのない、すなおな心」という意味だよ。

129ページ

勤（ちから　勤）
つき出さない　はねる

読み方：キン・（ゴン）　つとめる・つとまる

使い方：転勤《てんきん》・勤務《きんむ》・通勤《つうきん》　薬局に勤《つと》める

12画

130ページ

潮（さんずい　潮）
はねる

読み方：チョウ　しお

使い方：風潮《ふうちょう》・満潮《まんちょう》　潮風《しおかぜ》・潮《しお》が引く

15画

131ページ

骨（ほね　骨）
はねる　とめる

読み方：コツ　ほね

使い方：鉄骨《てっこつ》・骨折《こっせつ》　かさの骨《ほね》

10画

◆「読み方」の赤い字は教科書で使われている読みです。●●はまちがえやすい漢字です。

140ページ

棒 きへん

棒

つける位置 はらう とめる

読み方
ボウ
―

使い方
木の棒《ぼう》・棒《ぼう》切れ・鉄棒《てつぼう》

12画

140ページ

穴 あな

穴

立てる はねる あける はらう

読み方
（ケツ）
あな

使い方
穴《あな》をあける・穴《あな》をほる
横穴《よこあな》・落とし穴《あな》

5画

「穴」を使った言葉。

穴があったら入りたい…身をかくしたいほどにはずかしい気持ち。

同じ穴のむじな…一見関係がないようでも実は同類・仲間であることのたとえ。

142ページ

層 しかばね かばね

層

はらう

読み方
ソウ
―

使い方
地層《ちそう》・客層《きゃくそう》・高層《こうそう》

14画

142ページ

奮 だい

奮

はらう 平たく

読み方
フン
ふる**う**

使い方
興奮《こうふん》・奮起《ふんき》
気力を奮《ふる》う

16画

142ページ

延 えんにょう

延

×壬 二画

読み方
エン
の**びる**・の**べる**
の**ばす**

使い方
延長《えんちょう》・日程が延《の》びる
延《の》べ人数・返事を延《の》ばす

8画

漢字の形に注意。

「延」の「正」の部分を「正」や「壬」としないようにね。一画目は、右から左へ書くよ。

また、部首の「廴」（えんにょう）は、形や画数、特につき出す部分に注意してね。

142ページ

銭 かねへん

銭

とめる わすれない はねる

読み方
セン
（ぜに）

使い方
銭湯《せんとう》・金銭《きんせん》・つり銭《せん》

14画

ものしりメモ
「奮」は、「大」と「隹」(とり)と「田」を合わせて、鳥が羽を大きく広げて田を飛び立つ姿を表す漢字だよ。そこから「ふるいたつ」という意味になったんだ。

練習のワーク

模型のまち

教科書 126～148ページ
答え 5ページ

勉強した日　月　日

1 新しい漢字を読みましょう。

① 126ページ 模型（　　）のまち。

② 単純（　　）な考え。

③ 母が転勤（　　）する。

④ 潮（　　）が満ちる。

⑤ 鉄骨（　　）がむき出しになる。

⑥ 棒（　　）でつつく。

⑦ 穴（　　）をほる。

⑧ 地層（　　）の調査。

⑨ 興奮（　　）気味で見る。

⑩ 横に延（　　）びる。

ここから発展

⑪ 銭湯（　　）に行く。

✿⑫ 規模（　　）が大きい。

✿⑬ 銀行に勤（　　）める。

✿⑭ 満潮（　　）が近づく。

✿⑮ 指の骨（　　）が折れる。

2 新しい漢字を書きましょう。〔　〕は、送りがなも書きましょう。

① 126ページ □□《もけい》を作る。

② □□《たんじゅん》な問題。

③ 四国に□□《てんきん》する。

✿の漢字は新出漢字の別の読み方です。

④ □《しお》が引く。

⑤ □□《てっこつ》でできた家。

⑥ 木の□《ぼう》を拾う。

⑦ □《あな》に落ちる。

⑧ 古い□□《ちそう》から見つかる。

⑨ 白熱した試合に□□《こうふん》する。

⑩ 雨で日程が〔　〕《のびる》。

⑪ 遠くにある□□《せんとう》。

ここから発展

✿⑫ 地球□□《きぼ》の問題。

✿⑬ 病院に□《つと》める。

3 漢字で書きましょう。（～～は、送りがなも書きましょう。太字は、この回で習った漢字を使った言葉です。）

① ひこうきの**もけい**をかう。

② **たんじゅん**なしごとをまかせる。

③ **てんきん**のじきがのびる。

④ **ぼう**がじめんの**あな**にささる。

⑤ かせきをふくむ**ちそう**のはっけん。

⑥ かぞくできんじょの**せんとう**へいく。

基本のワーク

漢字を使おう5

教科書 149ページ

勉強した日　月　日

◆「読み方」の赤い字は教科書で使われている読みです。（マーク）はまちがえやすい漢字です。

漢字を使おう5

149ページ

鋼　かねへん（とめる・はねる・とめる）

読み方　コウ　（はがね）

使い方　鉄鋼業《てっこうぎょう》・鋼材《こうざい》・鋼板《こうばん》

16画

同じ読み方の言葉。

鉄鋼《てっこう》…船や機械などをつくる鉄の材料。 例 鉄鋼業

鉄鉱《てっこう》…鉄をふくんでいる鉱石。 例 鉄鉱石

注意！

149ページ

批　てへん（はねる・はねる）

読み方　ヒ

使い方　批判《ひはん》・批評《ひひょう》

7画

149ページ

操　てへん（少し大きく・はらう・はねる・とめる）

読み方　ソウ　（みさお）（あやつる）

使い方　操作《そうさ》・操縦《そうじゅう》・体操《たいそう》

16画

同じ読み方で形の似ている漢字。

批（ヒ）善い悪いを決める。 例 批判・批評

比（ヒ）くらべる。同類のもの。割合。 例 対比・比類・比率

注意！

読みかえの漢字

ページ	漢字	読みかえ
149	三《みっ》つ	三《み》つどもえ
149	六《む》	六《む》月目
149	六《むっ》つ	六《む》つ切り
149	八《やっ》つ	八《や》つ当たり
149	十《と》	十人十色《と》

練習のワーク

漢字を使おう5

教科書 149ページ

答え 5ページ

勉強した日　月　日

1 新しい漢字を読みましょう。

① 149ページ （　）鉄鋼業 について調べる。

② 改革を（　）批判する。

③ 機械を（　）操作する。

④ （　）三つどもえの戦い。

⑤ 生まれて（　）六月目の子供。

⑥ （　）六つ切りの画用紙。

⑦ 家族に（　）八つ当たりする。

⑧ 性格は（　）十人十色だ。

2 新しい漢字を書きましょう。〔　〕は、送りがなも書きましょう。

① 149ページ □□□《てっこうぎょう》を営む。

② □□《ひはん》が高まる。

③ ハンドルを□□《そうさ》する。

④ 〔　〕《みつ》どもえの争い。

⑤ 入学して□□□《むつきめ》。

⑥ 〔　〕《むつ》切りサイズの写真。

⑦ 人に〔　〕《やつ》当たりされる。

⑧ □□□□《じゅうにんといろ》だ。

3 漢字で書きましょう。（〜〜は、送りがなも書きましょう。太字は、この回で習った漢字を使った言葉です。）

① てっこうぎょうのれきしがわかる。

② ひはんするちからをやしなう。

③ ロボットのきほんそうさをおしえる。

④ りゅうがくしてむつきめになる。

4 漢字を使おう

五年生で習った漢字を書きましょう。

① □□□《こくさいか》が進む。

② □□《りえき》が出る。

③ 服の□□《きんがく》を表示する。

④ □□□《こむぎこ》でパンを作る。

⑤ □□《のうこう》の始まり。

⑥ □□《ぼうえき》がさかんになる。

⑦ 売り上げに□□《ぞうげん》がある。

⑧ □□《せいひん》を並べる。

⑨ 衣類を□□《ゆしゅつ》する。

⑩ □□《ほうさく》が続く。

⑪ □□《めんか》をつむ。

⑫ 大量に□□《ゆにゅう》する。

⑬ □□《おりもの》工場で働く人。

⑭ □□《こうぶつ》を運ぶ。

⑮ 険しい□□《さんみゃく》。

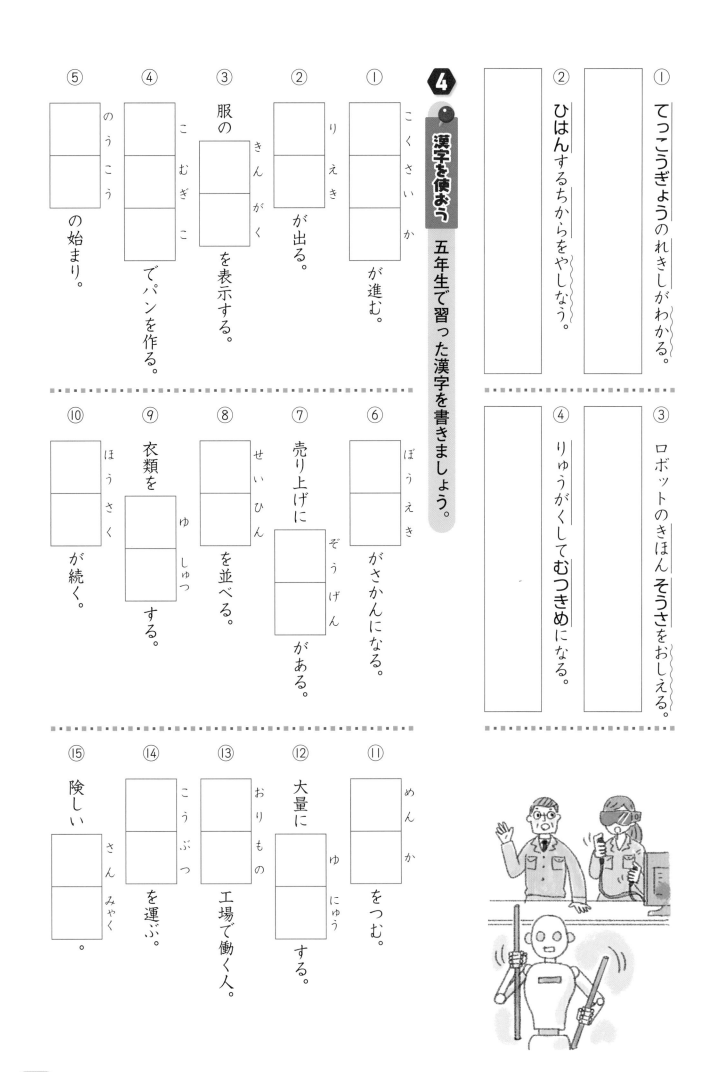

プラスチックごみの問題について考えよう

基本のワーク

「永遠のごみ」プラスチック／情報の信頼《らい》性と著《ちょ》作権《けん》
発信しよう、私《わたし》たちのSDGs《エスディージーズ》

教科書 152～174ページ

勉強した日　月　日

◆「読み方」の赤い字は教科書で使われている読みです。（アイコン）はまちがえやすい漢字です。

「永遠のごみ」プラスチック

154ページ

困　くにがまえ　7画

読み方　コン　こまる

使い方　貧困《ひんこん》・困難《こんなん》　返事に困《こま》る

形の似ている漢字。

困（コン　こま-る）　くにがまえの中が「木」。　例 困苦・困難《なん》

因（イン）　くにがまえの中が「大」。　例 原因・勝因

154ページ

収　また　4画

読み方　シュウ　おさめる・おさまる

使い方　回収《かいしゅう》・成功を収《おさ》める　さわぎが収《おさ》まる

159ページ

捨　てへん　11画

読み方　シャ　すてる

使い方　四捨五入《ししゃごにゅう》・取捨選択《しゅしゃせんたく》　ごみを捨《す》てる

「捨」を使った言葉。

四捨五入…ある位の数が四以下のときには切り捨て、五以上のときには切り上げて、上の位の数に一を加える計算方法のことだよ。

159ページ

装　ころも　12画

読み方　ソウ・（ショウ）　（よそおう）

使い方　包装《ほうそう》・装置《そうち》・服装《ふくそう》

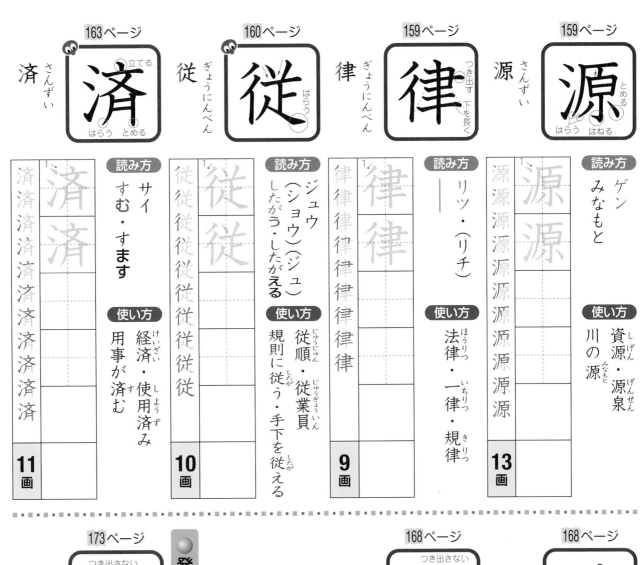

159ページ

源

源 さんずい

とめる　はらう　はねる

読み方

ゲン
みなもと

使い方

資源《しげん》・源泉《げんせん》
川の源《みなもと》

13画

159ページ

律

律 ぎょうにんべん

つき出す　下を長く

読み方

リツ・(リチ)
—

使い方

法律《ほうりつ》・一律《いちりつ》・規律《きりつ》

9画

160ページ

従

従 ぎょうにんべん

はらう

読み方

ジュウ
(ショウ)(ジュ)
したがう・したがえる

使い方

従順《じゅうじゅん》・従業員《じゅうぎょういん》
規則に従《したが》う・手下を従《したが》える

10画

163ページ

済

済 さんずい

立てる　はらう　とめる

読み方

サイ
すむ・すます

使い方

経済《けいざい》・使用済《しようず》み
用事が済《す》む

11画

情報の信頼性と著作権

168ページ

著

著 くさかんむり

長くはらう　下を長く

読み方

チョ
(あらわす)
(いちじるしい)

使い方

著作権《ちょさくけん》・著者《ちょしゃ》・著名《ちょめい》

11画

168ページ

権

権 きへん

つき出さない　下を長く　とめる

読み方

ケン・(ゴン)
—

使い方

著作権《ちょさくけん》・権力《けんりょく》・特権《とっけん》

15画

漢字の意味。
「権」には、いろいろな意味があるよ。
①勢い、力。　例 権力・政権
②権利。　例 人権・職権

発信しよう、私たちのSDGs

173ページ

冊

冊 どうがまえ けいがまえ

つき出さない　つき出す　つき出す　はねる

読み方

サツ・(サク)
—

使い方

一冊《いっさつ》・冊数《さっすう》・別冊《べっさつ》

5画

ものしりメモ
「済」には「救う、助ける」という意味があって、「救済」「共済」などと使われるよ。ほかにも「物事がすむ」という意味もあって、「決済」「返済」などとも使われるから覚えておこう。

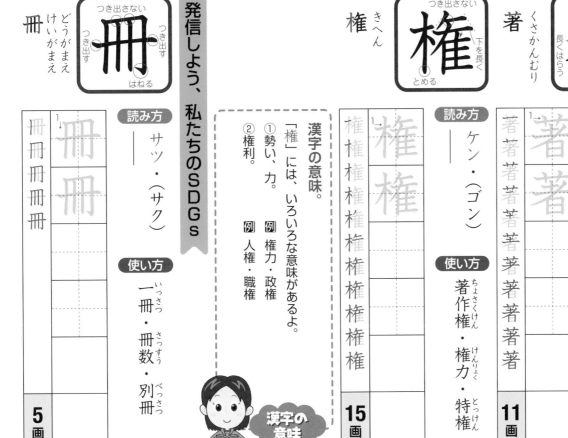

練習のワーク

「永遠のごみ」プラスチック／情報の信頼性《らい》と著作権 発信しよう、私《わたし》たちのSDGs《エスディージーズ》

教科書 152～174ページ　答え 5ページ

勉強した日　月　日

1 新しい漢字を読みましょう。

① 152ページ 困（　　）った問題が起こる。

② ごみを回収（　　）する。

③ ぽい捨（　　）てする。

④ 容器包装（　　）リサイクル法。

⑤ 資源（　　）循環促《じゅんかんそく》進法。

⑥ 法律（　　）で規制する。

⑦ 市の呼びかけに従（　　）う。

⑧ 使用済（　　）みの箱。

⑨ 167ページ 著作権（　　）を守る。

⑩ 170ページ 一冊（　　）にまとめる。

ここから発展

✿⑪ 困難《なん》（　　）に立ち向かう。

✿⑫ 成功を収（　　）める。

✿⑬ 四捨（　　）五入する。

✿⑭ 従業員（　　）を呼ぶ。

✿⑮ 経済（　　）を安定させる。

2 新しい漢字を書きましょう。〔　〕は、送りがなも書きましょう。

① 152ページ 返事に〔　　　〕《こまる》。

② アンケートを□□《かいしゅう》する。

③ 空きかんを〔　　　〕《すてる》。

✿の漢字は新出漢字の別の読み方です。

④ きれいに□□《ほうそう》する。

⑤ □□《しげん》を有効利用する。

⑥ □□《ほうりつ》を成立させる。

⑦ 指示に（　　）《したがう》。

⑧ 用事が（　　）《すむ》。

⑨ 167ページ □□□《ちょさくけん》をあたえる。

⑩ 170ページ 本を□□《いっさつ》借りる。

✿⑪ ここから発展 □《こん》難《なん》を乗りこえる。

✿⑫ 風景をカメラに□《おさ》める。

3 漢字で書きましょう。（～～は、送りがなも書きましょう。太字は、この回で習った漢字を使った言葉です。）

① ごみのぽい**すて**に**こまる**。

② もんだいようしを**かいしゅう**する。

③ しょうひんを**ほうそう**する。

④ ちきゅうの**しげん**をたいせつにする。

⑤ くにの**ほうりつ**に**したがう**。

⑥ **ちょさくけん**についてかんがえる。

基本のワーク

漢字を使おう6

複合語

教科書 183～185ページ

勉強した日　月　日

◆「読み方」の赤い字は教科書で使われている読みです。　はまちがえやすい漢字です。

漢字を使おう6

183ページ

腹　にくづき（はらう・はねる）

読み方：フク　はら

使い方：腹部《ふくぶ》・空腹《くうふく》　腹《はら》をすかせる

13画

「腹」を使った慣用句。

腹をかかえる…大笑いする。

腹を決める…かたく決心する。

腹を割る…本心を打ち明ける。

腹を立てる…おこる。

183ページ

縦　いとへん（はらう・とめる・はらう）

読み方：ジュウ　たて

使い方：縦断《じゅうだん》・縦横《じゅうおう》　縦書《たてが》き・縦《たて》と横

16画

183ページ

納　いとへん（はらう・とめる・はねる）

読み方：ノウ・(ナッ)(ナ)(ナン)(トウ)　おさめる・おさまる

使い方：納税《のうぜい》・納品《のうひん》　税金を納《おさ》める

10画

同じ読み方の漢字。

納《おさ》める…お金や品物をわたす。しまっておく。

収《おさ》める…受け入れる。よい結果を得る、残す。

治《おさ》める…政治を行う。よい状態にする。

修《おさ》める…学問や技術を身につける。

183ページ

秘　のぎへん（とめる・はねる）

読み方：ヒ　(ひめる)

使い方：秘密《ひみつ》・秘境《ひきょう》・神秘《しんぴ》

10画

183ページ

密

密 うかんむり

立てる　はねる

読み方

ミツ

—

使い方

秘密《ひみつ》・密着《みっちゃく》・親密《しんみつ》

11画

漢字の意味。

「秘」は、「かくす」。「密」は、「人に知られない」という意味があるよ。だから、「秘密」は、「人に知られないようにかくす」という意味だよ。

183ページ

派

派 さんずい

はらう　とめる

読み方

ハ

—

使い方

派生《はせい》・流派《りゅうは》・党派《とうは》

9画

183ページ

泉

泉 みず

はねる

読み方

セン

いずみ

使い方

源泉《げんせん》・温泉《おんせん》・鉱泉《こうせん》

泉《いずみ》のほとり

9画

184ページ

訪

訪 ごんべん

立てる　あける　はねる

読み方

ホウ

(おとず**れる**)・たず**ねる**

使い方

訪問《ほうもん》・来訪《らいほう》

広島を訪《たず》ねる

11画

漢字の意味。

「訪」は、「言」(ことば)と「方」(四方)を組み合わせてできた漢字で、「ある場所や人の家をたずねる」という意味を表すよ。

例 外国を訪ねる。親せきの家を訪ねる。

184ページ

絹

絹 いとへん

はらう　はねる　とめる

読み方

(ケン)

きぬ

使い方

絹糸《きぬいと》・絹織物《きぬおりもの》

13画

漢字の意味。

「絹」は、「蚕のまゆからとった動物せんい」のことだよ。せんいの仲間には「綿」もあって、こちらは綿花からとれるから「植物せんい」だよ。

ものしりメモ 「縦横」は、「ジュウオウ」と読むよ。「縦横」とは、「縦と横」という意味だけではなく、「四方八方」や「自由自在」という意味もあるよ。使い方をしっかり覚えようね。

184ページ

除 こざとへん

読み方

ジョ・（ジ）
のぞく

使い方

除去《じょきょ》・除雪車《じょせつしゃ》
ごみを取り除《のぞ》く

10画

漢字の意味。

「除」には、「とりのぞく」という意味のほかに、「割り算をする」という意味もあるよ。だから、「割り算」のことを「除法」ともいうんだ。

漢字の意味

184ページ

宅 うかんむり

読み方

タク
―

使い方

宅配便《たくはいびん》・宅地《たくち》・在宅《ざいたく》

6画

「宀」のつく漢字。

「宅」の部首は、「宀」（うかんむり）。この部首は交差している屋根の形で、家や屋根に関する漢字が多いよ。ほかには「家」や「室」などがあるね。

覚えよう!

184ページ

蒸 くさかんむり

読み方

ジョウ
（むす）（むれる）（むらす）

使い方

蒸気機関車《じょうききかんしゃ》・蒸発《じょうはつ》
蒸留水《じょうりゅうすい》

13画

漢字の形に注意。

蒸 九画目の横棒を忘れないようにしよう。

「蒸発」は「液体が気体になる現象」という意味だよ。

注意!

185ページ

聖 みみ

読み方

セイ
―

使い方

聖火《せいか》・聖書《せいしょ》・聖人《せいじん》

13画

漢字の意味。

「聖」には、いろいろな意味があるよ。

①ちえや人徳がある立派な人。 例 聖人
②その道に特にひいでた人。 例 詩聖
③清らかでけがれがない。 例 神聖

漢字の意味

ものしりメモ

「聖」を使った四字熟語に「聖人君子《せいじんくんし》」があるよ。「立派な人徳やすぐれた知識・教養を身につけた理想的な人物」のことだよ。

練習のワーク

漢字を使おう6 複合語

教科書 183～185ページ

答え 5ページ

勉強した日　月　日

1 新しい漢字を読みましょう。

① 183ページ 腹部（　　）の痛み。

② 列島を縦断（　　）する。

③ 税を納（　　）める。

④ 秘密（　　）を打ち明ける。

⑤ 新たな問題が派生（　　）する。

⑥ アイデアの源泉（　　）。

⑦ 184ページ 家庭訪問（　　）の日時。

⑧ 絹糸（　　）でできている服。

⑨ ごみを取り除（　　）く。

⑩ 宅配便（　　）で送る。

⑪ 蒸気（　　）機関車に乗る。

⑫ 聖火（　　）リレーに参加する。

ここから発展

✿⑬ 腹（　　）を引っこめる。

✿⑭ 本を納品（　　）する。

✿⑮ 海辺の町を訪（　　）ねる。

2 新しい漢字を書きましょう。〔　〕は、送りがなも書きましょう。

① 183ページ □□《ふくぶ》をきたえる。

② 日本を□□《じゅうだん》する。

③ 料金を〔　　　〕《おさめる》。

✿の漢字は新出漢字の別の読み方です。

④ □□《ひみつ》をあばく。

⑤ □□《はせい》した言葉。

⑥ 知識の□□《げんせん》。

⑦ 184ページ 母校を□□《ほうもん》する。

⑧ まゆから□□《きぬいと》を作る。

⑨ 休日を〔　　〕《のぞく》。

⑩ □□□《たくはいびん》で送る。

⑪ □□《じょうき》機関車の力。

ここから発展

⑫ □□《せいか》をともす。

✿⑬ □《はら》から声を出す。

✿⑭ □□《のうひん》する日を決める。

✿⑮ 父の会社を□《たず》ねる。

3 漢字で書きましょう。（〰〰は、送りがなも書きましょう。太字は、この回で習った漢字を使った言葉です。）

① **ふくぶ**をりょうてでおさえる。

② れっしゃでしまを**じゅうだん**する。

③ ちゅうもんのかぐを**おさめる**。

④ ゆうじんとの**ひみつ**をまもる。

⑤ **げんせん**をはっけんする。

⑥ **きぬいと**でようふくをつくる。

⑦ かだんのざっそうをとりのぞく。

⑧ たくはいびんではこがとどく。

⑨ じょうききかんしゃのすがた。

4 漢字を使おう

五年生で習った漢字を書きましょう。〔　〕は、送りがなも書きましょう。

① 〔　〕《まずしい》生活。

② ロボットが□□《こしょう》する。

③ □□《こうりつ》が良い。

④ □□《けんさ》をくり返す。

⑤ □□《げんいん》をつきとめる。

⑥ なぞの□□《かいめい》を急ぐ。

⑦ 良い点に□□《ちゃくがん》する。

⑧ 見とどける□□《ぎむ》がある。

⑨ □□《かせつ》を立てる。

⑩ □□□《そうりょくせん》でいどむ。

⑪ □□《きのう》が多い。

⑫ 実力を□□《しょうめい》する。

⑬ 成功を〔　〕《よろこぶ》。

⑭ リモコンが□□《ふぞく》する。

⑮ □□□《せきにんしゃ》が来る。

⑯ □□《しんがた》のロケット。

⑰ □□《こうぞう》を説明する。

⑱ すばらしい□□《ぎじゅつ》。

⑲ 研究の成果を〔　〕《たしかめる》。

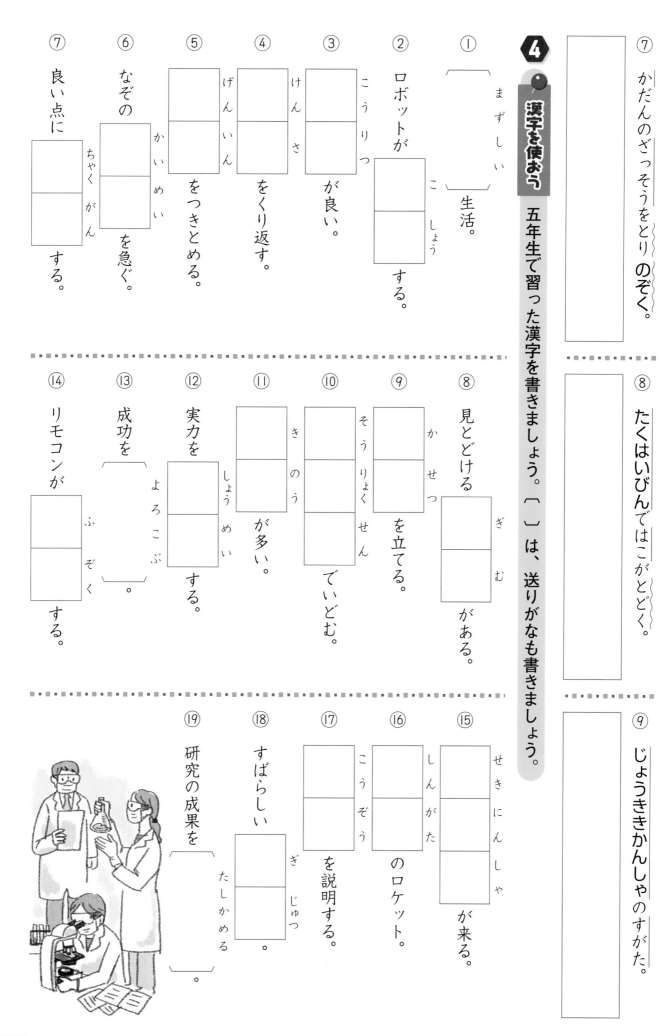

基本のワーク

海のいのち／漢字を使おう7

教科書 186～201ページ

勉強した日　月　日

◆「読み方」の赤い字は教科書で使われている読みです。●はまちがえやすい漢字です。

海のいのち／漢字を使おう7

190ページ

針　かねへん

針（とめる）

読み方　シン　はり

使い方　方針《ほうしん》・針葉樹《しんようじゅ》　つり針《ばり》・針金《はりがね》

10画

「針」を使った四字熟語。
針小棒大《しんしょうぼうだい》…小さなことを大げさに言うこと。
「針」は小さいもの、「棒」は大きいもののたとえとして使われているよ。

覚えよう！

195ページ

宝　うかんむり

宝（立てる・はねる・わすれない・一番長く）

読み方　ホウ　たから

使い方　宝石《ほうせき》・財宝《ざいほう》　宝物《たからもの》・宝探《たからさが》し

8画

195ページ

灰　ひ

灰（はらう）

読み方　（カイ）　はい

使い方　灰色《はいいろ》・灰皿《はいざら》・火山灰《かざんばい》

6画

195ページ

優　にんべん

優（はねる・はらう）

読み方　ユウ　（やさしい）（すぐれる）

使い方　優《ゆう》にこえる・優勝《ゆうしょう》

17画

201ページ

乱　おつ

乱（はねる）

読み方　ラン　みだれる・みだす

使い方　乱暴《らんぼう》・列が乱《みだ》れる　列を乱《みだ》す

7画

201ページ

染

染 き

はねる とめる はらう

読み方

(セン)
そめる・そまる
(しみる)(しみ)

使い方

布を染《そ》める
赤く染《そ》まる

9画

漢字の形に注意。

染 「木」は下に大きく書くよ。
「氵」は左上に小さく書くよ。

注意！

201ページ

預

預 おおがい

はねる とめる

読み方

ヨ
あずける・あずかる

使い方

預金《よきん》・お金の預《あず》け先
荷物を預《あず》かる

13画

201ページ

退

退 しんにょう しんにゅう

点をつけない 一画 とめる

読み方

タイ
しりぞく
しりぞける

使い方

退場《たいじょう》・一歩退《しりぞ》く
要求を退《しりぞ》ける

9画

201ページ

寸

寸 すん

はねる

読み方

スン
—

使い方

一寸《いっすん》・寸前《すんぜん》・採寸《さいすん》

3画

201ページ

射

射 すん

長くはらう つき出す はねる

読み方

シャ
いる

使い方

注射《ちゅうしゃ》・反射《はんしゃ》
的を射《い》る

10画

201ページ

磁

磁 いしへん

小さく

読み方

ジ
—

使い方

磁石《じしゃく》・磁気《じき》・磁力《じりょく》

14画

読みかえの漢字

201ページ

石《シャク》

磁石《じしゃく》

ものしりメモ 「宝」を使った慣用句に、「宝の持ちぐされ」があるよ。「価値のあるものを所有していながら、それをうまく利用することができないでいること」という意味だよ。

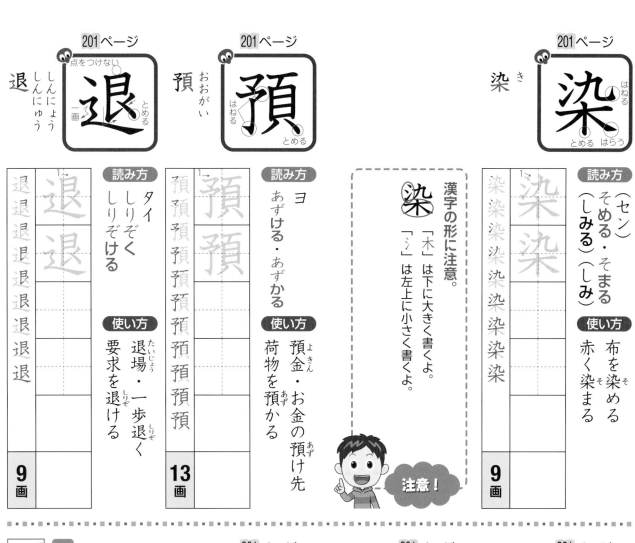

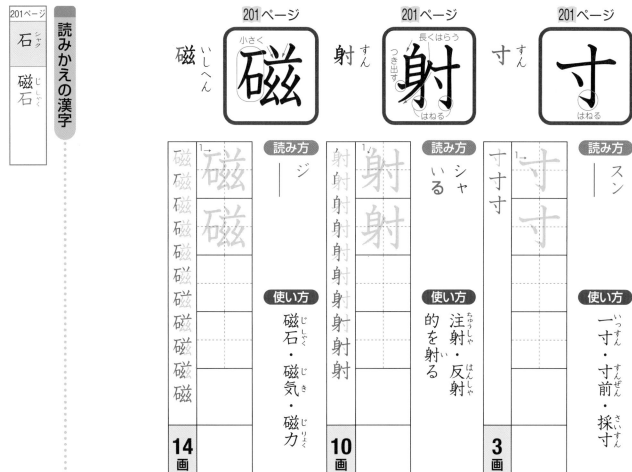

物語を読んで、人物の生き方について考えよう

練習のワーク

海のいのち
漢字を使おう7

教科書 186～201ページ

答え 6ページ

勉強した日　月　日

1 新しい漢字を読みましょう。

① 186ページ つり（　　）針にかける。

② 青い（　　）宝石。

③ （　　）灰色の雲。

④ 百キロを（　　）優にこえる。

⑤ 201ページ 平和を（　　）乱す。

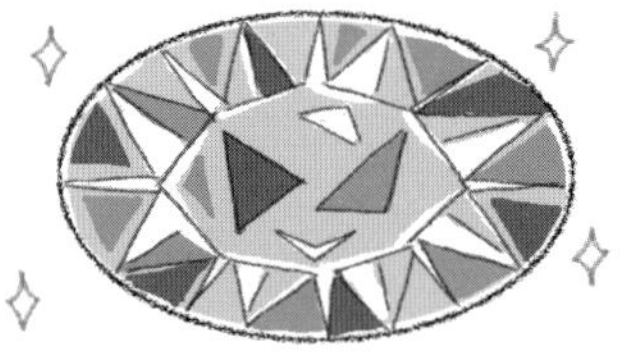

⑥ 布が青く（　　）染まる。

⑦ かばんを（　　）預かる。

⑧ 役職を（　　）退く。

⑨ （　　）一寸先は闇《やみ》。

⑩ 矢を（　　）射る。

⑪ （　　）磁石の働き。

ここから発展

✿⑫ （　　）方針を立てる。

✿⑬ （　　）宝物を見つける。

✿⑭ 全員が（　　）退場する。

✿⑮ （　　）反射神経をきたえる。

2 新しい漢字を書きましょう。〔　〕は、送りがなも書きましょう。

① 186ページ つり□《ばり》をなくす。

② 大きな□□《ほうせき》を見つける。

③ □□《はいいろ》のねずみ。

✿の漢字は新出漢字の別の読み方です。

④ □《ゆう》に二十メートルはあるビル。

⑤ 201ページ 心を［　　］《みだす》。

⑥ ほおが赤く［　　］《そまる》。

⑦ 手紙を［　　］《あずかる》。

⑧ 一線を［　　］《しりぞく》。

⑨ □□《いっすん》の大きさ。

⑩ 的を［　　］《いる》。

⑪ □□《じしゃく》を使った実験。

ここから発展

✿⑫ □□《ほうしん》を固める。

✿⑬ □□《たからもの》をしょうかいする。

✿⑭ 選手が□□《たいじょう》する。

✿⑮ 光が□□《はんしゃ》する。

3 漢字で書きましょう。（〜〜は、送りがなも書きましょう。太字は、この回で習った漢字を使った言葉です。）

① ぼうとつり**ばり**でさおをつくる。

② きれいな**ほうせき**にこうふんする。

③ **はいいろ**のビルがけんせつされる。

④ **ゆう**にまんをこえるかんきゃく。

⑤ チームのだんけつを**みだす**。

⑥ しろいふでがみどりいろに**そまる**。

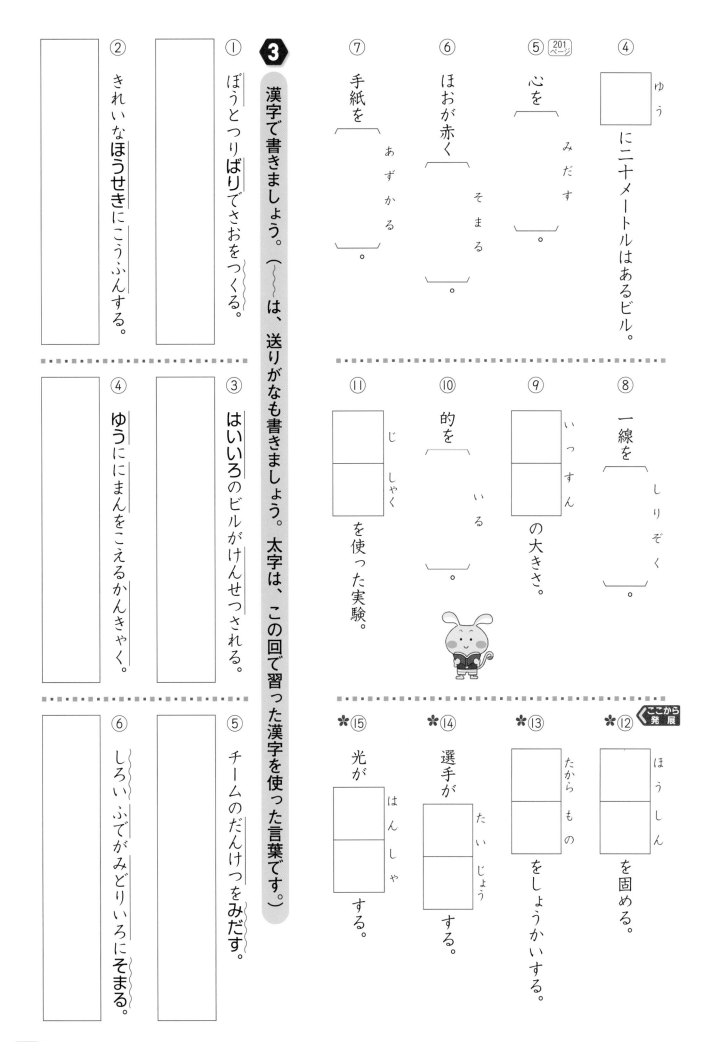

⑦ おおきいりょこうかばんをあずかる。

□

⑧ ざんねんながらしょせんでしりぞく。

□

⑨ てつがじしゃくにつく。

□

4 漢字を使おう

五年生で習った漢字を書きましょう。〔　〕は、送りがなも書きましょう。

① 音楽を□□《さいせい》する。

② □□□《かんこうねん》を調べる。

③ 有名な□□□《しゅっぱんしゃ》。

④ 全集の□□《へんじゃ》。

⑤ □□《じょうほう》が多い。

⑥ □□《しりょう》を探す。

⑦ □□《じょうけん》を確認《にん》する。

⑧ □□《きょか》をもらう。

⑨ 〔　　〕《かし》出し冊数。

⑩ 書類を□□《ていしゅつ》する。

⑪ 本を□□《はそん》する。

⑫ □□《ひょうばん》が良い本。

⑬ 〔　　〕《ぶあつい》雑誌。

⑭ 座席をせん□《りょう》する。

⑮ 館内は飲食□□《きんし》。

⑯ □□《ちしき》が増える。

⑰ 文書を□□《ふくしゃ》する。

基本のワーク

漢字を使おう8

教科書 208ページ

勉強した日　月　日

◆「読み方」の赤い字は教科書で使われている読みです。はまちがえやすい漢字です。

漢字を使おう8

208ページ

皇（一番長く）　皇　しろ

読み方：コウ・オウ

使い方：天皇《てんのう》・皇居《こうきょ》・皇室《こうしつ》

9画

208ページ

后（つき出さない）　后　くち

読み方：コウ

使い方：皇后《こうごう》

6画

208ページ

陛（はねる・はねる）　陛　こざとへん

読み方：ヘイ

使い方：陛下《へいか》・天皇陛下《てんのうへいか》
皇后陛下《こうごうへいか》

10画

208ページ

党（はねる）　党　ひとあし・にんにょう

読み方：トウ

使い方：政党《せいとう》・党首《とうしゅ》・悪党《あくとう》

10画

208ページ

閣（はらう・とめる・はねる）　閣　もんがまえ

読み方：カク

使い方：内閣《ないかく》・閣議《かくぎ》・神社仏閣《じんじゃぶっかく》

14画

208ページ

庁（立てる・つき出さない・はらう・はねる）　庁　まだれ

読み方：チョウ

使い方：省庁《しょうちょう》・庁舎《ちょうしゃ》
官庁《かんちょう》・県庁《けんちょう》

5画

208ページ

裁 ころも

裁

わすれない
立てる
はねる
とめる

読み方

サイ
(たつ)・さばく

使い方

裁判所《さいばんしょ》・洋裁《ようさい》
罪を裁《さば》く

12画

208ページ

憲 こころ

憲

立てる
はねる
×四
はねる

読み方

ケン
―

使い方

憲法《けんぽう》・立憲政治《りっけんせいじ》

16画

208ページ

己 おのれ

己

あける
はねる

読み方

コ・(キ)
(おのれ)

使い方

自己《じこ》・利己的《りこてき》

3画

漢字の形に注意。

己 あける。

「已」や「巳」にしないでね。

熟語の「利己」は「自分の利益だけを考える」という意味だよ。

注意！

208ページ

翌 はね

翌

はねる
はねる
立てる

読み方

ヨク
―

使い方

翌朝《よくあさ》(よくちょう)・翌年《よくとし》(よくねん)・翌日《よくじつ》

11画

208ページ

頂 おおがい

頂

とめる
はねる

読み方

チョウ
いただく・いただき

使い方

山頂《さんちょう》・頂上《ちょうじょう》・頂点《ちょうてん》
雪を頂《いただ》く山・山の頂《いただき》

11画

漢字の読み方に注意。

「頂」の訓読みは、動作を表すときは「お茶を頂《いただ》く」のように送りがながつくよ。でも、「頂」が一語の言葉として成り立つときは「山の頂《いただき》」のように送りがなはつかないよ。

注意！

208ページ

至 いたる

至

とめる
下を長く

読み方

シ
いたる

使い方

至急《しきゅう》・冬至《とうじ》
今日に至《いた》る

6画

ものしりメモ

「翌日」と「明日」はどうちがう？　「翌日」は「ある時から次の日」という意味。「明日」は「今日の次の日」という意味だよ。

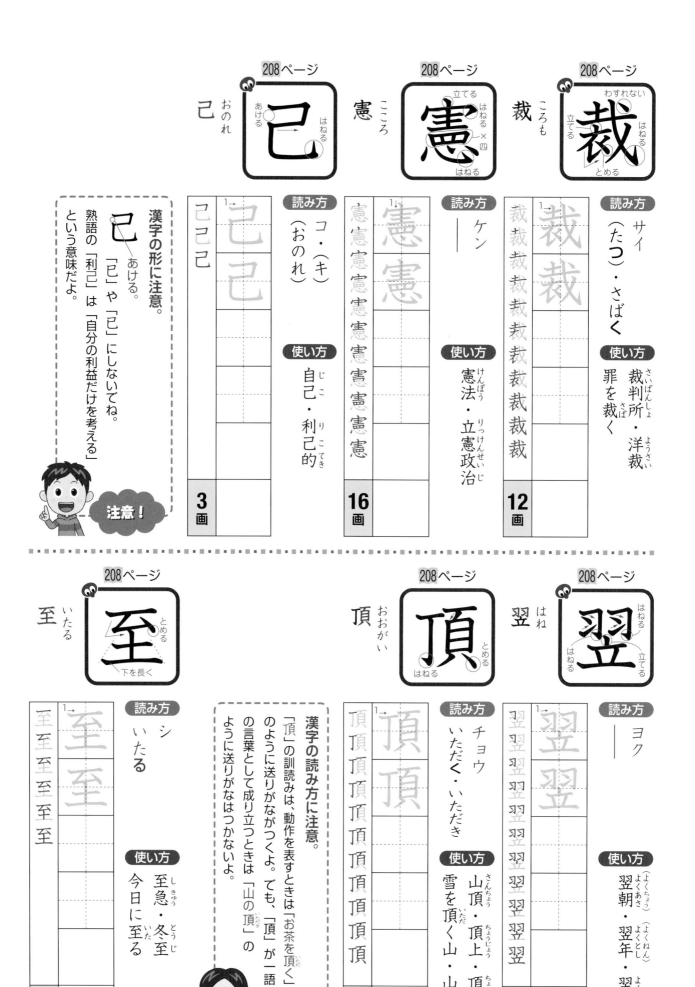

練習のワーク

漢字を使おう8

教科書 208ページ
答え 6ページ

勉強した日　月　日

1 新しい漢字を読みましょう。

① 208ページ 天皇（　　）誕生日。

② 日本の皇后（　　）。

③ 陛下（　　）のご会見。

④ 新しい政党（　　）。

⑤ 内閣（　　）総理大臣。

⑥ 国の省庁（　　）。

⑦ 裁判所（　　）へ行く。

⑧ 日本国憲法（　　）。

⑨ 自己（　　）しょうかい。

⑩ 翌朝（　　）早くに出発する。

⑪ 山頂（　　）で日の出を見る。

⑫ 目的地に至（　　）る。

ここから発展

✿⑬ 罪人を裁（　　）く。

✿⑭ 山の頂（　　）に着く。

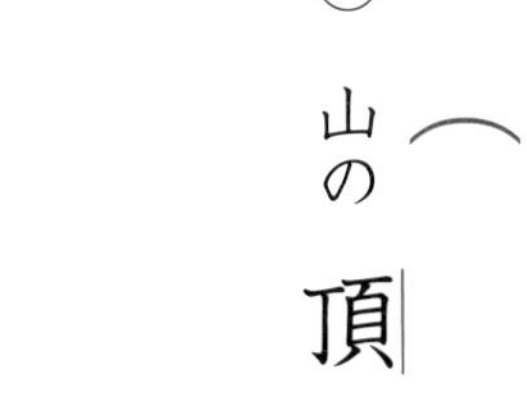

2 新しい漢字を書きましょう。〔　〕は、送りがなも書きましょう。

① 初代の□□《てんのう》。

② □□《こうごう》の位につく。

③ 国王□□《へいか》のご訪問。

✿の漢字は新出漢字の別の読み方です。

④ □□《せいとう》に加わる。

⑤ □□《ないかく》の改造が行われる。

⑥ 各□□《しょうちょう》のはたらき。

⑦ □□□《さいばんしょ》に勤める。

⑧ □□《けんぽう》を守る。

⑨ □□《じこ》をかえりみる。

⑩ □□《よくあさ》に公園をはしる。

⑪ □□《さんちょう》からのながめ。

⑫ 現在に（□《いたる》）。

3 漢字で書きましょう。（～～は、送りがなも書きましょう。太字は、この回で習った漢字を使ったことばです。）

① **てんのう**の**やくわり**をしる。

② **こうごう**のお**ことば**をうかがう。

③ じょおう**へいか**がしょくじをされる。

④ **せいとう**のだいひょうにあう。

⑤ **ないかく**のしじりつがあがる。

⑥ ちゅうおうの**しょうちょう**ではたらく。

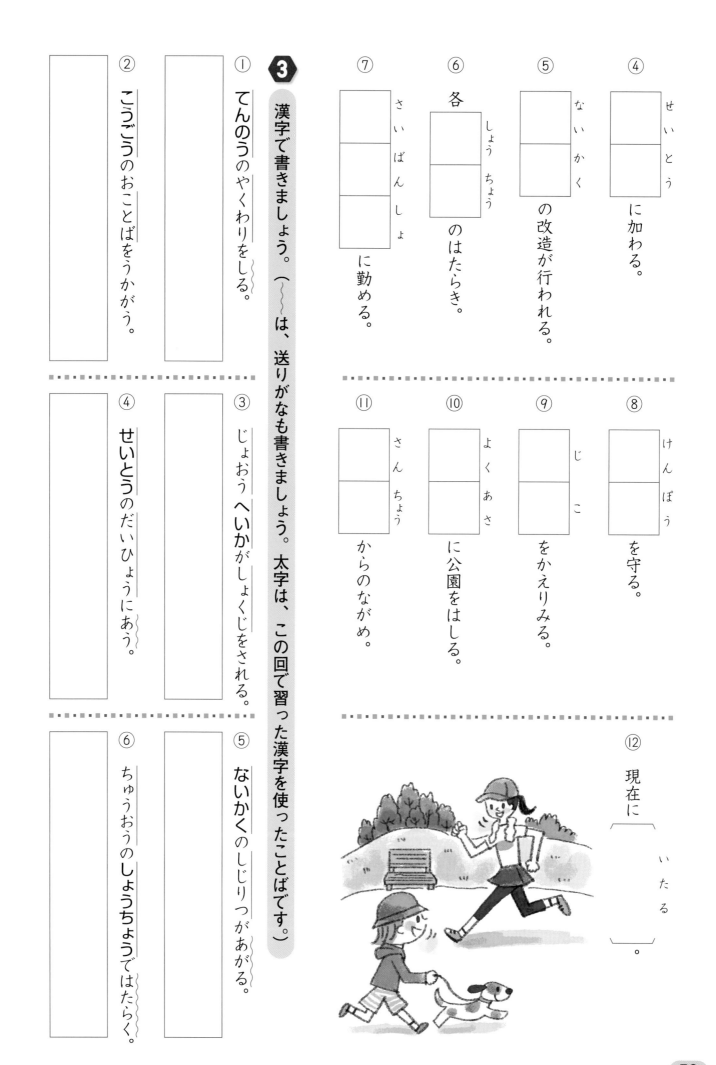

⑦ さいばんしょのしごとをしらべる。

⑧ ごがつみっかはけんぽうきねんび。

⑨ じこのさいそくのタイムではしる。

⑩ よくあさはしゅうごうがはやい。

⑪ さんちょうふきんでキャンプをする。

⑫ いたるところのはながまんかいだ。

4 漢字を使おう

五年生で習った漢字を書きましょう。

① □□《ぶし》のよろい。

② 警備をする□□《しょくぎょう》。

③ □□□□《はんざいぼうし》。

④ □□□《さっぷうけい》な部屋。

⑤ 有名な□□《どうぞう》。

⑥ 絵画についての□□《こうえん》。

⑦ □□《げいじゅつ》にふれる。

⑧ 会場が□□《こんざつ》する。

⑨ 国民の□□《ざいさん》。

⑩ □□□□《じゅんろひょうじ》。

⑪ □□□《しょうどくえき》を置く。

⑫ 手を□□《せいけつ》にする。

⑬ □□□□《にゅうじょうせいげん》。

⑭ □□《りゃくず》を見る。

⑮ □□《きそく》を守る。

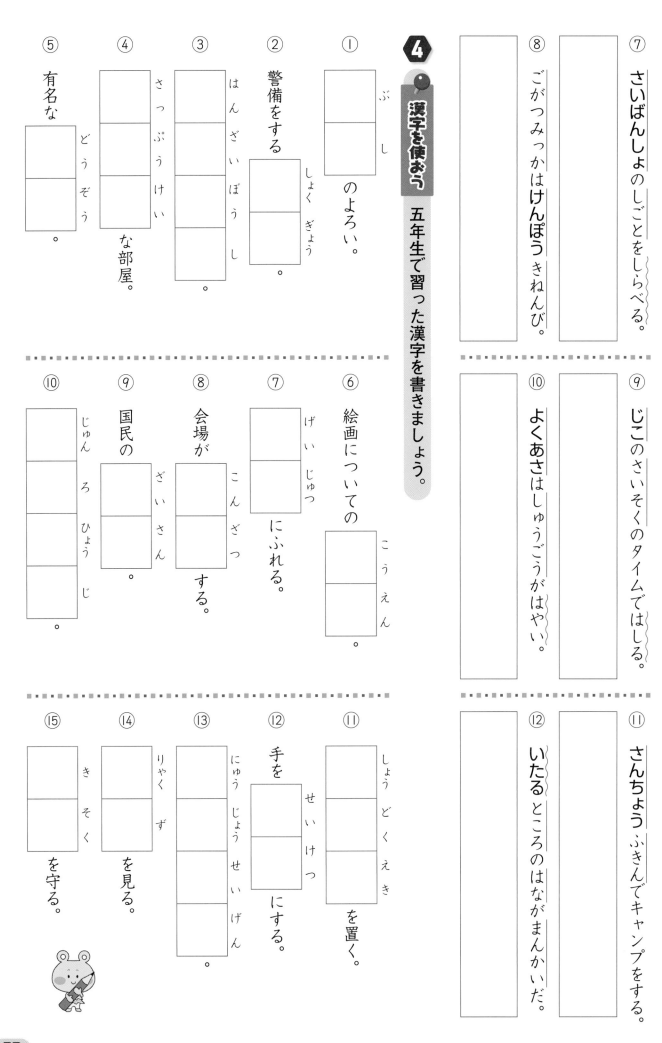

冬休み　まとめのテスト❶

教科書 112～208ページ　答え 6ページ

時間 20分

得点　/100点

勉強した日　月　日

1 ――線の漢字の読み方を書きましょう。　一つ2（28点）

① 山で切り株（　）を探（　）す。

② 新しい看板（　）が届（　）く。

③ 模型（　）の完成が会場を盛（　）り上げる。

④ 鉄の棒（　）に小さな穴（　）を開ける。

⑤ 初めての銭湯（　）に興奮（　）する。

⑥ プレゼントの包装（　）紙を捨（　）てる。

⑦ 資源（　）回収のルールに従（　）う。

2 □は漢字を、〔　〕は漢字と送りがなを書きましょう。　一つ2（28点）

① □□《はっけん》機を使う。

② 車□□《せんもん》の店。

③ 空手の□□《とくほん》。

④ □□《てんきん》が決まる。

⑤ □□《ちそう》の分類。

⑥ □□《ひはん》を受ける。

⑦ ボタン□□《そうさ》。

⑧ 〔　〕《みつ》どもえ。

⑨ □□□《むつきめ》。

⑩ 〔　〕《むつ》切り。

⑪ 〔　〕《やつ》当たり。

⑫ 十人□□《といろ》。

⑬ □□《ほうりつ》相談。

⑭ 使用〔　〕《ずみ》。

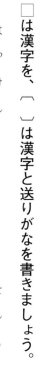

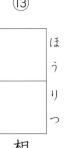

3 次の□に当てはまる漢字を□から選び、二字の熟語を作りましょう。 一つ2(8点)

① □句　② □張
③ □院　④ □木

主　著
樹　俳
病　森

4 次の漢字の部首名をア〜カから選んで（　）に書きましょう。 一つ2(12点)

① 系（　）　② 冊（　）　③ 沿（　）
④ 欲（　）　⑤ 敬（　）　⑥ 玉（　）

ア どうがまえ　イ さんずい　ウ あくび
エ のぶん　オ いと　カ たま

5 次の部分と組み合わせることのできる部分を□から選んで漢字を作りましょう。同じものは選べません。 一つ1(4点)

① 女□　② 亻□
③ 广□　④ 氵□

坐　斗
月　朝
二　次

6 形の似ている漢字に気をつけて、□に書きましょう。 一つ2(8点)

①
1 選べなくて□《こま》る。
2 原□《いん》が分かる。

②
1 □《おっと》と出かける。
2 □《あま》の川。

7 次の漢字の使い方のうち、正しいほうに〇をつけましょう。 一つ2(6点)

① {ア（　）鉄鋼 / イ（　）鉄工}を輸入する。
② 経営の{ア（　）実権 / イ（　）実験}をにぎる。
③ きれいな夕焼けを見て{ア（　）観賞 / イ（　）感傷}にひたる。

8 次の漢字の総画数を、（　）に数字で書きましょう。 一つ2(6点)

① 純（　）画　② 穀（　）画
③ 骨（　）画

冬休み まとめのテスト❷

教科書 112〜208ページ

答え 7ページ

時間 20分

得点 /100点

勉強した日 月 日

1

線の漢字の読み方を書きましょう。 一つ2（28点）

① アイデアの源泉（　　）を秘密（　　）にする。

② 灰色（　　）の宝石（　　）を手に入れる。

③ 優（　　）に五十年以上勤めた会社を退（　　）く。

④ 一寸（　　）ほどの小さな穴に矢を射（　　）る。

⑤ 憲法（　　）に定められた天皇（　　）の地位。

⑥ 皇后（　　）陛下（　　）がおいでになる。

⑦ 翌朝（　　）になれば山頂（　　）が見えるだろう。

2

□は漢字を、（　）は漢字と送りがなを書きましょう。 一つ2（28点）

① □□□《ちょさくけん》。

② □□《いっさつ》の参考書。

③ □□《ふくぶ》の検査。

④ □□《はせい》した言葉。

⑤ 会社□□《ほうもん》。

⑥ □□《きぬいと》を仕入れる。

⑦ 取り（　　）《のぞく》。

⑧ □□□《たくはいびん》。

⑨ □□《じょうき》機関車。

⑩ □□《せいか》台に上がる。

⑪ 黒く（　　）《そまる》。

⑫ □□《しょうちょう》再編。

⑬ □□□《さいばんしょ》。

⑭ □□《じこ》主張。

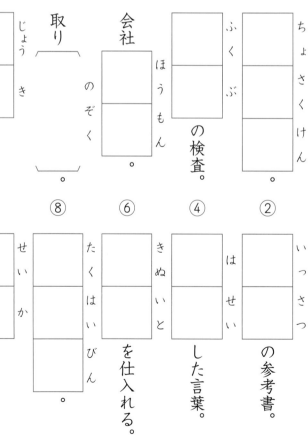

3 次の――線の言葉を、漢字と送りがなで書きましょう。 一つ2(8点)

① 強風でかみがみだれる。

② 手紙をあずかる。

③ 市街地にいたる道路。

④ うたがわしい言動。

4 次の二つの漢字を組み合わせてできる漢字を、□に書きましょう。 一つ2(12点)

① 明＋皿→□

② 金＋十→□

③ 門＋各→□

④ 月＋蔵→□

⑤ 言＋成→□

⑥ 日＋央→□

5 (　)に同じ訓読みをする漢字と送りがなを書きましょう。 一つ2(12点)

① おさめる

1 税金を(　　)。

2 学業を(　　)。

3 勝利を(　　)。

4 国を(　　)。

② よい

1 (　　)行いを心がける。

2 運勢が(　　)。

6 次の漢字と[　]の漢字を組み合わせて、熟語を作りましょう。 一つ2(12点)

① □長

② 苦□

③ 野□

④ 義□

⑤ 磁□

⑥ □横

縦　署　痛
務　党　石

基本のワーク

古典芸能への招待状
宇宙への思い

教科書 210〜232ページ

勉強した日　月　日

◆「読み方」の赤い字は教科書で使われている読みです。●はまちがえやすい漢字です。

古典芸能への招待状

210ページ

劇　りっとう

劇（はねる・とめる・はねる）

読み方：ゲキ／—

使い方：演劇《えんげき》・劇場《げきじょう》・劇薬《げきやく》

15画

漢字の意味。
「劇」には、「げき」「おしばい」の意味の他に、「はげしい」という意味があるよ。
例　劇的　劇薬

210ページ

奏　だい

奏（はらう・とめる）

読み方：ソウ／（かなでる）

使い方：演奏《えんそう》・合奏《がっそう》・独奏《どくそう》

9画

「奏」を使った言葉。
「奏」には、「功を奏する」という「努力が実って、物事がうまくいく」「成功する」という意味の言葉があるよ。「奏功する」ともいうよ。

212ページ

揮　てへん

揮（はねる・長く・はねる）

読み方：キ／—

使い方：発揮《はっき》・揮発油《きはつゆ》・指揮《しき》

12画

漢字の意味。
「揮」には、いろいろな意味があるよ。
①ふり回す。　例　指揮
②まき散らす。　例　揮発
③表に出す。　例　発揮

214ページ

衆

衆 ち

つける　はらう　とめる

読み方

シュウ・(シュ)

―

使い方

観衆《かんしゅう》・群衆《ぐんしゅう》・衆議院《しゅうぎいん》

12画

筆順に注意。

「衆」の下の部分は「衆衆衆衆衆衆衆」と書くよ。まちがえやすいのでしっかり練習しよう。

214ページ

承

承 て

三本　はらう　はねる

読み方

ショウ

(うけたまわる)

使い方

継承《けいしょう》・承知《しょうち》・伝承《でんしょう》

8画

漢字の意味。

「承」には、いろいろな意味があるよ。

①前のものを受けつぐ。 例 伝承・口承

②相手の考えを受け入れる。 例 承知・承服

222ページ

将

将 すん

とめる　はねる

読み方

ショウ

―

使い方

将来《しょうらい》・将軍《しょうぐん》・主将《しゅしょう》

10画

漢字の意味。

「将」には、いろいろな意味があるよ。

①軍やチームを率いる。 例 将軍・主将

②これから～する。 例 将来

222ページ

否

否 くち

つき出さない　あける　とめる

読み方

ヒ

(いな)

使い方

否定《ひてい》・安否《あんぴ》・合否《ごうひ》

7画

打ち消しを表す漢字。

「否」は、ほかの漢字の意味を打ち消す働きをする漢字だよ。「否定」「否決」のように使われているね。同じような使い方をする漢字に、「不」「非」「未」「無」があるよ。

ものしりメモ

「承」の部首は「手」(て)だよ。分かりにくいけれど、真ん中の部分が部首になっているんだ。ほかにも、「才」「挙」などの部首も「手」だよ。しっかり覚えようね。

認

222ページ

認　ごんべん

（わすれない・あける・はねる）

読み方

（ニン）
みとめる

使い方

認《みと》め合う
罪を認《みと》める・認《みと》め印

14画

尊

223ページ

尊　すん

（わすれない・長く・はねる）

読み方

ソン
たっとい・とうとい
たっとぶ・とうとぶ

使い方

尊重《そんちょう》・尊敬《そんけい》
尊《とうと》い行い・先祖を尊《たっと》ぶ

12画

似た意味の漢字。

尊…たっとぶ。とうとぶ。
敬…うやまう。
＊合わせて「尊敬」という熟語にもなるよ。

難

226ページ

難　ふるとり

（つき出さない・とめる）

読み方

ナン
（かたい）・むずかしい

使い方

避難所《ひなんじょ》・難問《なんもん》・非難《ひなん》
難《むずか》しい試験

18画

反対の意味の言葉。

難《むずか》しい ↔ 易しい
「難」と「易」を組み合わせた「難易《なんい》」という熟語もあるよ。

我

227ページ

我　ほこづくり　ほこがまえ

（わすれない・はねる）

読み方

（ガ）
われ・（わ）

使い方

我々《われわれ》・我《われ》に返る

7画

「我」を使った慣用句。

我を忘れる…心をうばわれてぼんやりする。夢中になる。
我に返る…ぼんやりしていたのが、正気に返る。

貴

228ページ

貴　かい

（長く・つき出さない・とめる）

読み方

キ
（たっとい）（とうとい）
（たっとぶ）（とうとぶ）

使い方

貴重《きちょう》・貴族《きぞく》・貴金属《ききんぞく》

12画

ものしりメモ　「貴」は「身分や価値が高い」などの意味を表すよ。「貴」がつく言葉には、「貴族」「高貴」「貴重」「貴金属」などがあるよ。

練習のワーク

古典芸能への招待状
宇宙への思い

教科書 210〜232ページ
答え 7ページ

勉強した日　月　日

1 新しい漢字を読みましょう。

① 210ページ 演劇（　　）やダンス。

② 楽器の演奏（　　）。

③ 力を発揮（　　）する。

④ 観衆（　　）を喜ばせる。

⑤ 古典芸能が継承《けい》（　　）される。

⑥ 218ページ 将来（　　）の夢。

⑦ ちがいを否定（　　）する。

⑧ いいところを認（　　）め合う。

⑨ 尊重（　　）し合う。

⑩ 避《ひ》難所（　　）に行く。

⑪ 我々（　　）生命の起源。

⑫ 貴重（　　）な惑《わく》星。

ここから発展

✿⑬ 両親を尊（　　）ぶ。

✿⑭ 難（　　）しい漢字。

2 新しい漢字を書きましょう。〔　〕は、送りがなも書きましょう。

① 210ページ □□《えんげき》を見る。

② ピアノを□□《えんそう》する。

③ 能力を□□《はっき》する。

✿の漢字は新出漢字の別の読み方です。

④ 多くの［　　］《かんしゅう》が集まる。

⑤ 王位を継《けい》［　］《しょう》する。

⑥ 218ページ ［　　］《しょうらい》について考える。

⑦ うわさを［　　］《ひてい》する。

⑧ 実力を［　　］《みとめる》。

⑨ 他者の意見を［　　］《そんちょう》する。

⑩ 避《ひ》［　　］《なんじょ》での生活。

⑪ ［　　］《われわれ》の考えを伝える。

ここから発展

⑫ ［　　］《きちょう》な存在。

✿⑬ ［　］《むずか》しい顔をする。

3 漢字で書きましょう。（〰〰は、送りがなも書きましょう。太字は、この回で習った漢字を使った言葉です。）

① **えんげき**をほんかくてきにまなぶ。

［　　　　］

② **かんしゅう**のまえで**えんそう**する。

［　　　　］

③ でんとうぶんかをけいし**ょう**する。

［　　　　］

④ **しょうらい**ゆうぼうなせんしゅ。

［　　　　］

⑤ あいてを**そんちょう**して**みとめる**。

［　　　　］

⑥ **きちょう**なついかてんがはいる。

［　　　　］

基本のワーク

漢字を使おう9
どう立ち向かう？　もしもの世界

教科書 233～241ページ

勉強した日　月　日

◆「読み方」の赤い字は教科書で使われている読みです。（マーク）はまちがえやすい漢字です。

漢字を使おう9

233ページ

諸　ごんべん

（あける・長くはらう・下を長く）

読み方　ショ

使い方　諸説《しょせつ》・諸問題《しょもんだい》

15画

漢字の意味。
「諸」は、「多くの・いろいろな」という意味を表すよ。
例　諸国・諸説

233ページ

孝　こ

（長くはらう・下を長く・はねる）

読み方　コウ

使い方　親孝行《おやこうこう》・親不孝《おやふこう》

7画

形の似ている漢字。
孝（コウ）…部首は「子」（こ）。
考（コウ かんが-える）
老（ロウ お-いる）
｝部首は「耂」（おいかんむり）。

233ページ

干　かん　いちじゅう

（下を長く）

読み方　カン　ほす・（ひる）

使い方　干《かん》ばつ・干潮《かんちょう》・干満《かんまん》
洗たく物を干《ほ》す

3画

漢字の形に注意。
○　干　横棒は左から右へ書こう。
×　千　右から左へはらうと「千（セン）」になるよ。

晩　ひへん
233ページ

晩（小さく・はねる）

読み方
バン
―

使い方
晩《ばん》ご飯・晩《ばん》まで働く
晩秋《ばんしゅう》・今晩《こんばん》・毎晩《まいばん》

12画

幕　はば
233ページ

幕（少し出す・長く・はらう・はねる）

読み方
マク・バク
―

使い方
幕《まく》を引く・開幕《かいまく》
幕府《ばくふ》・幕末《ばくまつ》

13画

形の似ている漢字。
幕（マク・バク）　例 幕《まく》を引く・幕府《ばく》
暮（く-れる）　例 夕暮《ぐ》れ・山暮《ぐ》らし
墓（ボ）　例 墓《ぼ》地・祖父の墓《はか》

垂　つち
233ページ

垂（つき出す）

読み方
スイ
たれる・たらす

使い方
垂直《すいちょく》・ひもが垂《た》れる
液を垂《た》らす

8画

討　ごんべん
236ページ

討（あける・はねる）

読み方
トウ
（うつ）

使い方
検討《けんとう》・討議《とうぎ》・討論《とうろん》

10画

漢字の意味。
「討」には、「しらべる、きわめる」という意味のほかに、「せめうつ」という意味があるよ。
例 追討　討伐《ばつ》

拡　てへん
238ページ

拡（立てる・とめる・はねる）

読み方
カク
―

使い方
拡大《かくだい》・拡張《かくちょう》・拡散《かくさん》

8画

反対の意味の漢字。
拡大《かくだい》↔縮小《しゅくしょう》
「拡大」は広げて大きくすること。
「縮小」は小さく縮めること。

ものしりメモ
「晩」には「日暮れ、夜」という意味があるよ。「今晩」「毎晩」などと使われるんだ。また、「おそい、終わりに近い」という意味もあって、「晩秋」「晩年」などと使われるよ。

練習のワーク

漢字を使おう9 どう立ち向かう？ もしもの世界

教科書 233～241ページ
答え 7ページ

勉強した日　月　日

1 新しい漢字を読みましょう。

① 233ページ 諸説（　　）をふまえて考える。

② 親孝行（　　）をする。

③ 干（　　）ばつに苦しむ。

④ 晩（　　）ご飯を食べる。

⑤ 幕（　　）を下ろす。

⑥ ひもを垂（　　）らす。

⑦ 236ページ 多面的に検討（　　）する。

⑧ 感染《せん》が拡大（　　）する。

ここから発展

✿⑨ くつを洗って干（　　）す。

✿⑩ 江《え》戸幕府（　　）について学ぶ。

✿⑪ 道が垂直（　　）に交わる。

2 新しい漢字を書きましょう。〔　〕は、送りがなも書きましょう。

① 233ページ □□《しょせつ》が入り乱れる。

② □□□《おやこうこう》な子供。

③ □《かん》ばつの原因を調べる。

④ □《ばん》ご飯を作る。

⑤ □《まく》が上がる。

⑥ 鼻水を〔　　〕《たらす》。

✿の漢字は新出漢字の別の読み方です。

⑦ 236ページ 前向きに□□《けんとう》する。

⑧ 規模を□□《かくだい》する。

ここから発展

✿⑨ ふとんを□《ほ》す。

✿⑩ 江《え》戸□□《ばくふ》の仕組み。

✿⑪ □□《すいちょく》な線を引く。

3 漢字で書きましょう。（〰〰は、送りがなも書きましょう。太字は、この回でならった漢字を使った言葉です。）

① しゅういで**しょせつ**をきく。

② ひじょうに**おやこうこう**なしょうじょ。

③ **かん**ばつがしんこくかする。

④ **ばん**ごはんのじゅんびをする。

⑤ げきじょうの**まく**があく。

⑥ つりいとをみずのなかに**たらす**。

⑦ まだ**けんとう**のよちがある。

⑧ しゃしんを**かくだい**する。

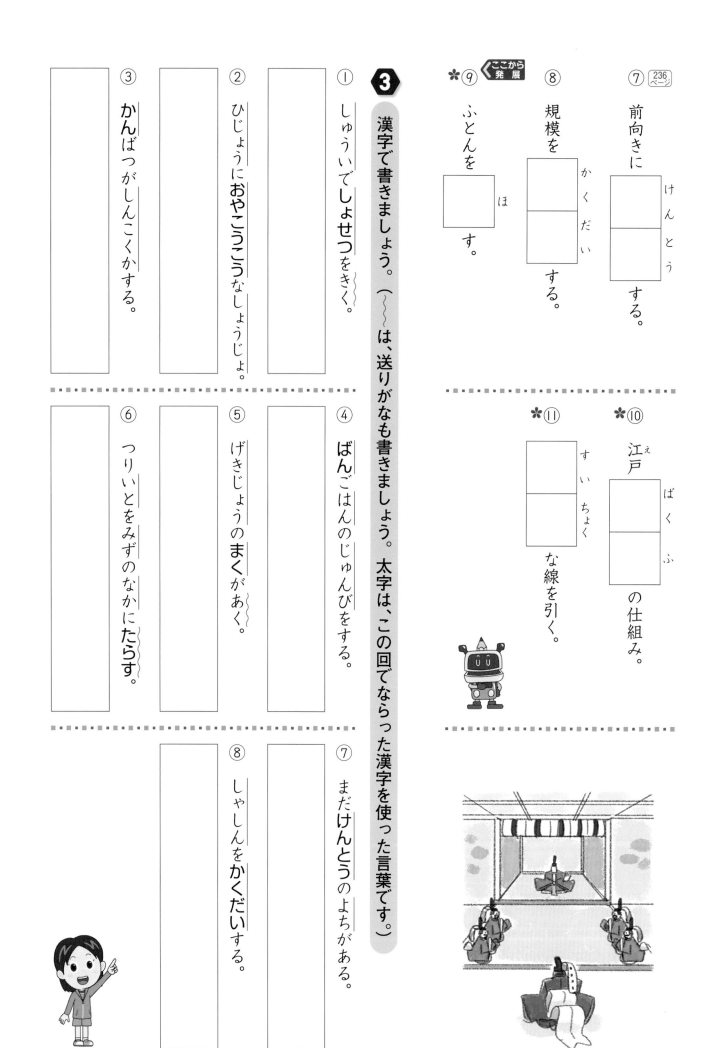

4 漢字を使おう

五年生でならった漢字を書きましょう。〔　〕は、送りがなも書きましょう。

① □□□《じきゅうそう》大会。

② □□《きじゅん》を上回る。

③ みんなで□《おう》えんする。

④ □《せい》いっぱい走る。

⑤ □□《たいど》が良い。

⑥ 考えを〔　〕《のべる》。

⑦ □□《たいし》をいだく。

⑧ 高□□《せいせき》を残す。

⑨ きん□《ちょう》がピークに達する。

⑩ □□《しょうじょう》をもらう。

⑪ □□《じゅぎょう》を受ける。

⑫ 読書の□□《しゅうかん》を身につける。

⑬ □□《こせい》が強い。

⑭ □□《とくい》な遊び。

⑮ □□《ぎゃくてん》をねらう。

⑯ 〔　〕《けわしい》表情。

⑰ □□《えいえん》に続く。

⑱ □□《けいけん》が増える。

⑲ 友達が心の〔　〕《ささえ》になる。

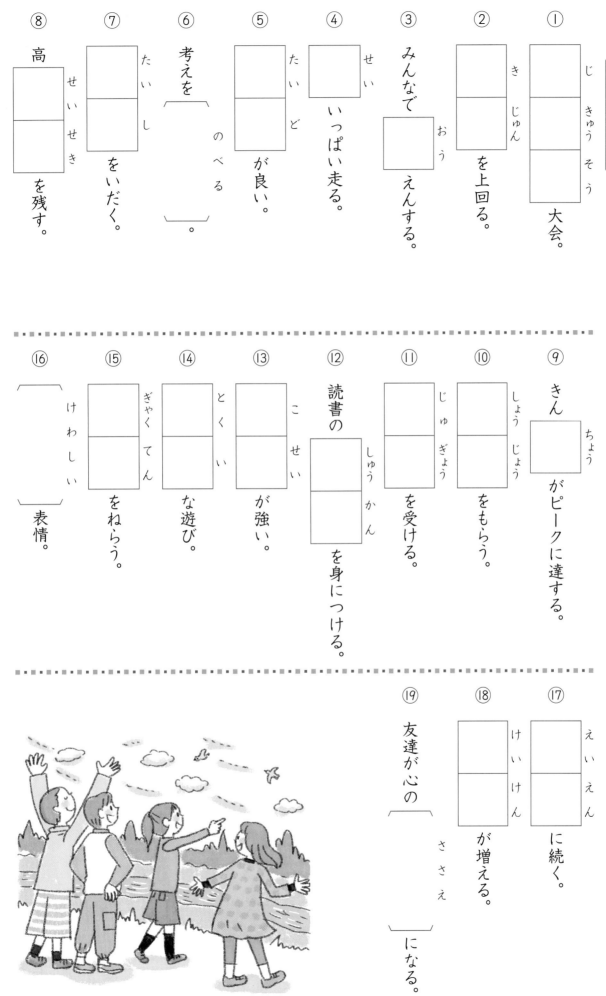

6年 仕上げのテスト①

答え 8ページ

時間 20分

得点 　　/100点

勉強した日 　月　日

1

――線の漢字の読み方を書きましょう。 一つ2（28点）

① 大勢の観衆（　　）の前で演劇（　　）をする。

② 昔から演奏（　　）されてきた楽器を継《けい》承（　　）する。

③ 我々（　　）の力を発揮（　　）する。

④ 将来（　　）は親孝行（　　）をたくさんしたい。

⑤ 相手の話を否定（　　）せず尊重（　　）する。

⑥ 避《ひ》難所（　　）の使用を認（　　）める。

⑦ 貴重（　　）なデータをしっかりと検討（　　）する。

2

□は漢字を、〔　〕は漢字と送りがなを書きましょう。 一つ2（28点）

① つり□《ばり》を用意する。

② 黄色の□□《ほうせき》。

③ □□《はいいろ》の鳥。

④ 列を〔　　〕《みだす》。

⑤ 一線を〔　　〕《しりぞく》。

⑥ □□《いっすん》の大きさ。

⑦ 方位□□《じしゃく》。

⑧ □□《よくあさ》の予定。

⑨ □□《しょせつ》がある。

⑩ □《かん》ばつの発生。

⑪ □《ばん》ご飯のおかず。

⑫ 新時代の□《まく》開け。

⑬ 水を〔　　〕《たらす》。

⑭ 勢力の□□《かくだい》。

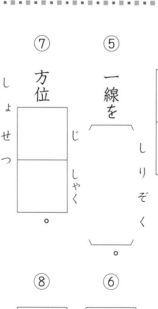

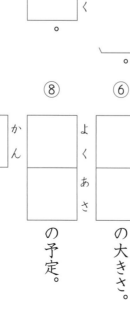

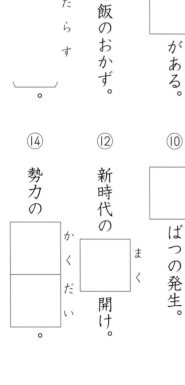

3 次の文からまちがって使われている漢字をぬき出し、正しい漢字に直しましょう。 一つ2(20点)

① 有名な拝句をよむ。 □→□

② 皇合陛下がお見えになる。 □→□

③ 優便局で切手を買う。 □→□

④ さまざまな流波がある。 □→□

⑤ 個外での遊びが禁止される。 □→□

4 形の似ている漢字に気をつけて、□に漢字を書きましょう。 一つ2(8点)

①
1 ポストを□《さが》す。
2 この川は□《ふか》い。

②
1 □《はく》識な人。
2 □《せん》門学校。

5 意味の似ている漢字に気をつけて、□に漢字を書きましょう。 一つ2(8点)

①
1 □《あぶ》ない橋をわたる。
2 □《けわ》しい山を登る。

②
1 □《えい》像を見る。
2 □《しゃ》真をとる。

6 次の漢字の部分にそれぞれつく部首をア～エから選んで、記号を書きましょう。 一つ2(8点)

① 章 夅 坴 （　　）

② 莫 隹 㑒 （　　）

③ 也 或 成 （　　）

④ 古 曽 禹 （　　）

ア きへん
イ つちへん
ウ こざとへん
エ しかばね

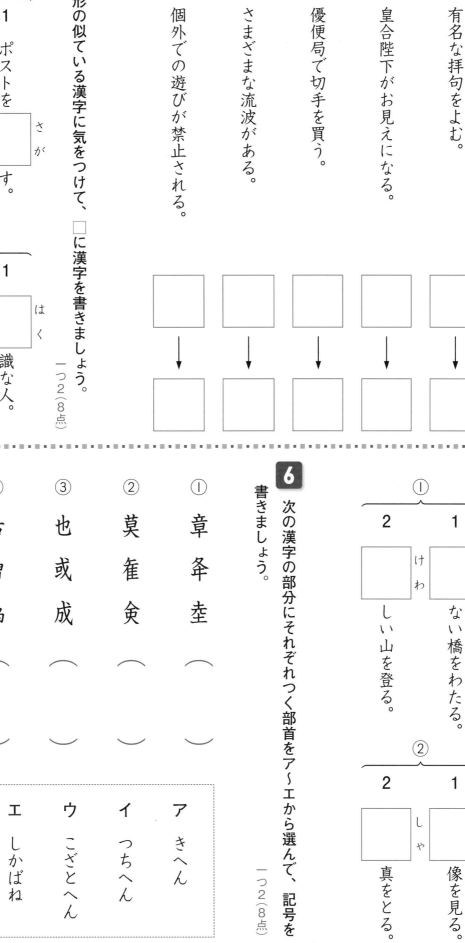

6年 仕上げのテスト❷

答え 8ページ

時間 20分

得点　　/100点

勉強した日　　月　　日

1 ――線の漢字の読み方を書きましょう。 一つ1（14点）

① 葉の裏（　　）に幼虫（　　）がいるのを見つける。

② 班（　　）ごとに物語を創作（　　）する。

③ ほ乳（　　）動物の肺（　　）を研究する。

④ 卵（　　）を使わずに誕生日（　　）ケーキを作る。

⑤ 希望に沿（　　）ったプレゼントを探（　　）す。

⑥ 指示に従（　　）って不用品を回収（　　）する。

⑦ 絹糸（　　）を取り引き先に納（　　）める。

2 □は漢字を、（　）は漢字と送りがなを書きましょう。 一つ2（28点）

① □□《みちすじ》を示す。

② □《むね》がおどる。

③ □□《こうちゃ》の香り。

④ 意味が□《こと》なる。

⑤ 外国での（　　）《くらし》。

⑥ （　　）《きびしい》意見。

⑦ 黒い□《つくえ》。

⑧ □《せ》が高くなる。

⑨ □□《せんもん》の本。

⑩ □□《てっこつ》構造。

⑪ □□□《ちょさくけん》。

⑫ 大陸を□□《じゅうだん》する。

⑬ 判断に（　　）《こまる》。

⑭ 友を□□《そんちょう》する。

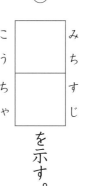

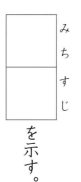

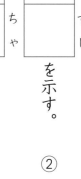

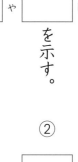

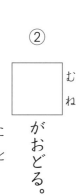

3 ――線の言葉を、漢字と送りがなで書きましょう。 一つ2（10点）

① ガラスの食器がわれる。

② 風景が湖面にうつる。

③ 敵をしりぞける。

④ ひもをたらす。

⑤ まぶたをとじる。

4 次の漢字と似た意味の漢字を下の□から選び、熟語を作りましょう。 一つ1（4点）

① □密

② □誠

③ □単

④ □在

存　忠　秘　簡

5 次の熟語の構成をア～ウから選んで、記号を書きましょう。 一つ1（6点）

① 諸問題（　）

② 延長戦（　）

③ 衣食住（　）

④ 電磁石（　）

⑤ 雨模様（　）

⑥ 食用油（　）

ア　一字の語＋二字熟語。

イ　二字熟語＋一字の語。

ウ　一字の語が三つ並ぶ。

6 次の意味に合う熟語になるように、□に漢字を一字入れましょう。 一つ2（6点）

① 音楽をかなでること。　演□

② 機械が正常に動かなくなること。　故□

③ ものをつつむことやその素材。　包□

7 次の漢字の総画数を、（　）に数字で書きましょう。 一つ1（2点）

① 晩（　　）画

② 奮（　　）画

8 次の部分と組み合わせることのできる部分を□から選んで、漢字を作りましょう。同じものは選べません。 一つ1（4点）

① 方 □

② 見 □

③ 亡 □

④ 金 □

心 ネ 戋 言

9 同じ読み方をする別の熟語を、□に書きましょう。 一つ2（16点）

①
1 親□□《こうこう》。
2 □□《こうこう》進学。

②
1 □□《かくしん》をもつ。
2 技術□□《かくしん》。

③
1 糸の□□《きょうど》。
2 □□《きょうど》料理。

④
1 □□《そうぞう》がつく。
2 天地□□《そうぞう》。

10 次の漢字の赤字の部分は、何画目に書きますか。（ ）に数字を書きましょう。 一つ1（2点）

① 臨（ ）画目

② 若（ ）画目

11 次の送りがなのうち、正しいほうの記号を（ ）に書きましょう。 一つ1（4点）

① 自分の非を{ア 認める / イ 認る}。（ ）

② 雪を{ア 頂いた / イ 頂だいた}山。（ ）

③ 絵札を五十音順に{ア 並べる / イ 並る}。（ ）

④ 遠足の出発を一時間{ア 延す / イ 延ばす}。（ ）

12 □に単位を表す漢字を書きましょう。 一つ1（4点）

① 本を一□《さつ》買う。

② 皿を一□《まい》用意する。

③ 一□《すん》法師《ぼうし》のお話。

④ 一□《しゃく》は約三十センチメートル。

教科書ワーク

答えとてびき

東京書籍版

漢字6年

使い方

まちがえた問題は確実に書けるまで、くり返し書いて練習することが大切です。この本で、教科書に出てくる漢字の使い方をおぼえて、漢字の力を身につけましょう。

●教科書　国語六年　新編　新しい国語

たずね合って考えよう さなぎたちの教室

6～8ページ　練習のワーク

1
①かんたん　②みちすじ　③まど
④いちまい　⑤せんげん　⑥ようちゅう
⑦へんかく　⑧うら　⑨なら　⑩しかい
⑪いた　⑫けいえん　⑬てき　⑭こうぐち
⑮すがた　⑯むね　⑰す　⑱よ　⑲わす
⑳と　㉑ろうどく　㉒ふっきん
㉓どうそうかい　㉔おさな　㉕なら
㉖ずつう　㉗うやま　㉘ふ　㉙しせい
㉚どきょう

2
①簡単　②道筋　③窓　④一枚　⑤宣言
⑥幼虫　⑦変革　⑧裏　⑨並ぶ　⑩視界
⑪痛い　⑫敬遠　⑬敵　⑭降口　⑮姿
⑯胸　⑰吸う　⑱呼ぶ　⑲忘れる
⑳閉じる　㉑朗読　㉒同窓会　㉓幼
㉔頭痛　㉕姿勢

3
①簡単な料理を作る。
②書類を一枚忘れる。
③完全勝利を宣言する。
④変革の時期がおとずれる。
⑤店に商品が並ぶ。
⑥敵から敬遠される。

漢字を使おう1

11～13ページ　練習のワーク

1
①そうさく　②こうほ　③はいしゃく
④ゆうびん　⑤しゅうにん　⑥じんじゅつ
⑦どひょう　⑧こうちゃ　⑨べにばな
⑩しゅくしゃく　⑪ちぢ　⑫はん　⑬つく
⑭おぎな　⑮おが　⑯こめだわら

2
①創作　②候補　③拝借　④郵便　⑤就任
⑥仁術　⑦土俵　⑧紅茶　⑨紅花　⑩縮尺
⑪縮む　⑫班　⑬補　⑭拝　⑮米俵

3
①新式の機械を創作する。
②副会長の候補になる。
③先生の辞書を拝借する。
④小包を郵便で送る。
⑤四月から知事に就任する。
⑥相手の土俵に乗る。
⑦温かい紅茶を注文する。
⑧地図の縮尺を確かめる。
⑨班ごとに問題を解く。

4
①旧駅舎　②改修　③測量　④運河　⑤桜
⑥枝　⑦採集　⑧幹　⑨設置　⑩飼い
⑪勢い　⑫自画自賛　⑬弁当　⑭停留所
⑮囲い　⑯余る　⑰庭師　⑱肥料

社会教育施設へ行こう
意見を聞いて考えよう
三字以上の熟語の構成

17〜19ページ 練習のワーク

❶
①ちいき ②てんじ ③きょうど
④えいぞう ⑤てんらんかい ⑥こと
⑦じゅくご ⑧でんしゃちん
⑨かめいこく ⑩けいさつしょ
⑪ようさんぎょう ⑫しんぜんび
⑬りんじれっしゃ ⑭うちゅうひこうし
⑮いよくてき ⑯こくそうちたい ⑰うつ
⑱いじょう ⑲かいこ

❷
①地域 ②展示 ③郷土 ④映像
⑤展覧会 ⑥異 ⑦熟語 ⑧電車賃
⑨加盟国 ⑩警察署 ⑪養蚕業 ⑫真善美
⑬臨時列車 ⑭宇宙飛行士 ⑮意欲的
⑯穀倉地帯 ⑰映 ⑱異常 ⑲蚕

❸
①地域のお祭りに参加する。
②高校生の作品を展示する。
③郷土資料館へ行く。
④野球の試合の映像を流す。
⑤展覧会で入賞する。
⑥親子でも好みが異なる。
⑦熟語の意味を辞書で調べる。
⑧臨時列車の電車賃。
⑨加盟国の出席を望む。
⑩警察署の裏にある神社。
⑪養蚕業について学ぶ。
⑫真善美の調和を求める。
⑬宇宙飛行士の訓練。
⑭意欲的な態度を評価する。
⑮世界三大穀倉地帯。

イースター島にはなぜ森林がないのか

23〜25ページ 練習のワーク

❶
①い ②にゅう ③じゅもく ④ぞう
⑤しゅうきょう ⑥こく ⑦おん
⑧すいてい ⑨そんざい ⑩く
⑪きょうきゅう ⑫せいたいけい
⑬あやま ⑭きず ⑮きび ⑯ろん
⑰だんらく ⑱ちち ⑲きざ ⑳ほぞん
㉑げんしゅ

❷
①遺 ②乳 ③樹木 ④蔵 ⑤宗教 ⑥刻
⑦恩 ⑧推定 ⑨存在 ⑩暮らし ⑪供給
⑫生態系 ⑬誤る ⑭傷 ⑮厳しい ⑯論
⑰段落 ⑱乳 ⑲刻 ⑳保存 ㉑厳守

❸
①遺せきについての論を示す。
②ほ乳類の進化について学ぶ。
③樹木の名前を調べる。
④無じん蔵のスタミナを手に入れる。
⑤宗教について研究する。
⑥美しいちょう刻が残る。
⑦多大な恩けいに感謝する。
⑧世界の人口を推定する。
⑨祖父母の存在は大きい。
⑩健康的な暮らしをする。
⑪飲用水を供給する。
⑫海の生態系を守る。
⑬薬の服用を誤る。
⑭練習が厳しい。
⑮段落の内容を確かめる。

漢字を使おう2

28〜30ページ 練習のワーク

❶
①い ②ちょう ③はい ④のう
⑤しんぞう ⑥した ⑦ゆ ⑧のち
⑨こがい ⑩けらい

❷
①胃 ②腸 ③肺 ④脳 ⑤心臓 ⑥舌
⑦行く ⑧後 ⑨戸外 ⑩家来

❸
①胃の中をカメラで見る。
②腸の動きを調べる。
③肺は左右両側にある。
④脳の手術をする。
⑤心臓が脈打つのを感じる。
⑥傷ついた舌が痛む。
⑦行く手には希望がある。
⑧後ほど居間に案内する。

⑨戸外で冷たい水を浴びる。
⑩主人が家来に命じる。

4
①気象 ②過去 ③現在 ④行政 ⑤税金
⑥接近 ⑦備える ⑧衛生的 ⑨気圧
⑩暴風雨 ⑪非常食 ⑫毛布 ⑬導
⑭迷う ⑮燃える ⑯火災 ⑰救助
⑱酸素

いざというときのために 文と文とのつながり 漢文に親しもう

33・34ページ 練習のワーク

1
①わたし（わたくし） ②きき ③たいさく
④たまご ⑤わ ⑥あら ⑦つくえ
⑧たんじょうび ⑨さとう ⑩あたた
⑪しご ⑫あぶ ⑬やくわり ⑭せんがん
⑮すなば

2
①私 ②危機 ③対策 ④卵 ⑤割れる
⑥洗う ⑦机 ⑧誕生日 ⑨砂糖
⑩暖かい ⑪私語 ⑫危 ⑬役割 ⑭洗顔
⑮砂場

3
①私の誕生日は二月だ。
②危機に直面する。
③安全対策を講じる。
④卵と砂糖を混ぜる。

風切るつばさ 漢字を使おう3

37〜39ページ 練習のワーク

1
①わか ②ま ③わけ ④せ ⑤かた
⑥しょち ⑦ざっし ⑧かし ⑨せいじつ
⑩ちゅうせい ⑪ぼう ⑫かんまつ
⑬つうやく ⑭はいご ⑮せい

2
①若い ②巻く ③訳 ④背 ⑤片
⑥処置 ⑦雑誌 ⑧歌詞 ⑨誠実 ⑩忠誠
⑪亡 ⑫巻末 ⑬通訳 ⑭背後

3
①背の高い若い女性。
②けがをした指に包帯を巻く。
③宿題を忘れた訳を聞く。
④頭の片すみに置く。
⑤救命処置の手順を学ぶ。
⑥英語で全ての歌詞を書く。
⑦誠実な態度の青年。
⑧家来が王に忠誠をちかう。

4
①歴史 ②保護 ③堂 ④伝統料理
⑤招く ⑥大仏 ⑦建築 ⑧鳥居 ⑨新婦
⑩感謝 ⑪墓 ⑫祖先 ⑬百円均一
⑭広告 ⑮興味 ⑯質問 ⑰絶句
⑱集団登校 ⑲横断歩道

インターネットの投稿を読み比べよう

41ページ 練習のワーク

1
①ふたん ②かち ③はげ ④うたが
⑤こしょう ⑥ねだん ⑦げきせん
⑧ぎもん

2
①負担 ②価値 ③激しい ④疑う
⑤故障 ⑥激戦 ⑦疑問

夏休み まとめのテスト

42・43ページ まとめのテスト❶

1
①みちすじ・かんたん ②まど・いちまい
③うら・なら ④てき・すがた
⑤そうさく・わす ⑥はん・こうほ
⑦けいさつしょ・でんしゃちん

2
①幼虫 ②変革 ③敬遠 ④胸 ⑤閉じる
⑥拝借 ⑦郵便 ⑧就任 ⑨土俵 ⑩縮む
⑪展覧会 ⑫熟語 ⑬加盟国 ⑭宇宙

3
①おおざと・エ ②くちへん・ア
③やまいだれ・ウ ④めへん・イ
⑤つちへん・オ

4
①朗 ②仁 ③尺 ④宣 ⑤欲 ⑥筋

5
①1よ 2ぜん

② 1さん 2かいこ
③ 1こう 2べに
④ 1い 2こと
⑤ 1きょう 2そな

6
① イ ② イ

てびき

2 ⑤送りがなは「る」ではなく「じる」なので気をつけましょう。

3 ①「おおざと」の漢字はほかに、「都」「部」「郡」などがあります。

4 ②「仁術」とは、思いやりの心を持った行いという意味で、特に医術を指します。

5 ②「蚕」はこん虫の一種で、クワの葉を食べて育ち、糸を出します。その糸を利用したものが絹《きぬ》です。

6 ①「吸」は六画です。五画目に特に気をつけましょう。

44・45ページ まとめのテスト②

1
①い・こく ②にゅう・そんざい
③じゅもく・きず
④わたし(わたくし)・さとう
⑤たまご・わ ⑥つくえ・あら
⑦こしょう・うたが

2
①宗教 ②恩 ③暮らし ④供給

---

⑤生態系 ⑥論 ⑦段落 ⑧後 ⑨戸外
⑩若い ⑪訳 ⑫処置 ⑬亡 ⑭価値

3
①厳しい ②危ない ③暖かい ④激しい

4
①胃・背 ②筋・脳・肺・腸

5
① 1蔵 2臓
② 1誌 2詞

6
①イ ②ウ ③ア ④ウ ⑤イ ⑥ア

7
①14(十四) ②9(九) ③4(四)
④7(七)

てびき

3 ③「日」に続いているので、「温」ではなく「暖」を用います。送りがなは「い」ではなく「かい」となるので気をつけましょう。

4 どの漢字も体の部分を示しています。「胃」「背」の部首は「月」(にく・にくづき)、「筋」は「⺮」(たけかんむり)、「脳」「肺」「腸」は「月」(にくづき)です。漢字といっしょに部首も覚えておきましょう。

5 ①二つの漢字には同じ部分があります。「にくづき」は体に関する漢字についているので、そこに注目して書き分けましょう。

6 意味がどこで切れるのか考えましょう。

7 ①「言」の部分は全部で七画です。

48〜50ページ 練習のワーク

1
①はいく ②さが ③そ ④とど ⑤かぶ
⑥かんばん ⑦せいざ ⑧も ⑨はっけん
⑩せんもん ⑪ぎょくざ ⑫とくほん
⑬たんけん ⑭えんがん

2
①俳句 ②探す ③沿う ④届く ⑤株
⑥看板 ⑦星座 ⑧盛る ⑨発券 ⑩専門
⑪玉座 ⑫読本 ⑬探検

3
①俳句の季語を探す。
②お客さんの要望に沿う。
③星座の写真集が届く。
④美容院の看板が変わる。
⑤誕生日会を盛り上げる。
⑥チケットの発券を行う。
⑦保育を専門に学ぶ。
⑧王様が玉座にかける。
⑨数種類の読本がある。

4
①比べる ②旅費 ③貯金 ④航海
⑤辺境 ⑥往復 ⑦日程 ⑧順序 ⑨夢
⑩紀行文 ⑪快適 ⑫移動 ⑬寄港
⑭営業 ⑮容器 ⑯価格 ⑰単独行動
⑱夫妻 ⑲似顔絵

模型のまち

53・54ページ 練習のワーク

❶ ①もけい ②たんじゅん ③てんきん
④しお ⑤てっこつ ⑥ぼう ⑦あな
⑧ちそう ⑨こうふん ⑩の ⑪せんとう
⑫きぼ ⑬つと ⑭まんちょう ⑮ほね

❷ ①模型 ②単純 ③転勤 ④潮 ⑤鉄骨
⑥棒 ⑦穴 ⑧地層 ⑨興奮 ⑩延びる
⑪銭湯 ⑫規模 ⑬勤

❸ ①飛行機の模型を買う。
②単純な仕事を任せる。
③転勤の時期が延びる。
④棒が地面の穴にささる。
⑤化石をふくむ地層の発見。
⑥家族で近所の銭湯へ行く。

漢字を使おう5

56・57ページ 練習のワーク

❶ ①てっこうぎょう ②ひはん ③そうさ
④み ⑤むつきめ ⑥む ⑦や
⑧じゅうにんといろ

❷ ①鉄鋼業 ②批判 ③操作 ④三つ
⑤六月目 ⑥六つ ⑦八つ ⑧十人十色

❸ ①鉄鋼業の歴史が分かる。
②批判する力を養う。
③ロボットの基本操作を教える。
④留学して六月目になる。

❹ ①国際化 ②利益 ③金額 ④小麦粉
⑤農耕 ⑥貿易 ⑦増減 ⑧製品 ⑨輸出
⑩豊作 ⑪綿花 ⑫輸入 ⑬織物 ⑭鉱物
⑮山脈

「永遠のごみ」プラスチック 情報の信頼性と著作権 発信しよう、私たちのSDGs

60・61ページ 練習のワーク

❶ ①こま ②かいしゅう ③す ④ほうそう
⑤しげん ⑥ほうりつ ⑦したが ⑧ず
⑨ちょさくけん ⑩いっさつ ⑪こん
⑫おさ ⑬ししゃ ⑭じゅうぎょういん
⑮けいざい

❷ ①困る ②回収 ③捨てる ④包装
⑤資源 ⑥法律 ⑦従う ⑧済む
⑨著作権 ⑩一冊 ⑪困 ⑫収

❸ ①ごみのぽい捨てに困る。
②問題用紙を回収する。
③商品を包装する。
④地球の資源を大切にする。
⑤国の法律に従う。
⑥著作権について考える。

漢字を使おう6 複合語

65〜67ページ 練習のワーク

❶ ①ふくぶ ②じゅうだん ③おさ
④ひみつ ⑤はせい ⑥げんせん
⑦ほうもん ⑧きぬいと ⑨のぞ
⑩たくはいびん ⑪じょうき ⑫せいか
⑬はら ⑭のうひん ⑮たず

❷ ①腹部 ②縦断 ③納める ④秘密
⑤派生 ⑥源泉 ⑦訪問 ⑧絹糸 ⑨除く
⑩宅配便 ⑪蒸気 ⑫聖火 ⑬腹 ⑭納品
⑮訪

❸ ①腹部を両手でおさえる。
②列車で島を縦断する。
③注文の家具を納める。
④友人との秘密を守る。
⑤源泉を発見する。
⑥絹糸で洋服を作る。
⑦花だんの雑草を取り除く。
⑧宅配便で箱が届く。
⑨蒸気機関車の姿。

❹ ①貧しい ②故障 ③効率 ④検査
⑤原因 ⑥解明 ⑦着眼 ⑧義務 ⑨仮説
⑩総力戦 ⑪機能 ⑫証明 ⑬喜ぶ

⑭付属　⑮責任者　⑯新型　⑰構造
⑱技術　⑲確かめる

海のいのち　漢字を使おう7

70～72ページ　練習のワーク

1
①ばり　②ほうせき　③はいいろ　④ゆう
⑤みだ　⑥そ　⑦あず　⑧しりぞ
⑨いっすん　⑩い　⑪じしゃく
⑫ほうしん　⑬たからもの　⑭たいじょう
⑮はんしゃ

2
①針　②宝石　③灰色　④優　⑤乱す
⑥染まる　⑦預かる　⑧退く　⑨一寸
⑩射る　⑪磁石　⑫方針　⑬宝物　⑭退場
⑮反射

3
①棒とつり針でさおを作る。
②きれいな宝石に興奮する。
③灰色のビルが建設される。
④優に二万をこえる観客。
⑤チームの団結を乱す。
⑥白い筆が緑色に染まる。
⑦大きい旅行かばんを預かる。
⑧残念ながら初戦で退く。
⑨鉄が磁石に付く。

4
①再生　②刊行年　③出版社　④編者
⑤情報　⑥資料　⑦条件　⑧許可　⑨貸し

---

⑩提出　⑪破損　⑫評判　⑬分厚い　⑭領
⑮禁止　⑯知識　⑰複写

漢字を使おう8

75～77ページ　練習のワーク

1
①てんのう　②こうごう　③へいか
④せいとう　⑤ないかく　⑥しょうちょう
⑦さいばんしょ　⑧けんぽう　⑨じこ
⑩よくあさ(よくちょう)　⑪さんちょう
⑫いた　⑬さば　⑭いただき

2
①天皇　②皇后　③陛下　④政党　⑤内閣
⑥省庁　⑦裁判所　⑧憲法　⑨自己
⑩翌朝　⑪山頂　⑫至る

3
①天皇の役割を知る。
②皇后のお言葉をうかがう。
③女王陛下が食事をされる。
④政党の代表に会う。
⑤内閣の支持率が上がる。
⑥中央の省庁で働く。
⑦裁判所の仕事を調べる。
⑧五月三日は憲法記念日。
⑨自己の最速のタイムで走る。
⑩翌朝は集合が早い。
⑪山頂付近でキャンプをする。
⑫至る所の花が満開だ。

4
①武士　②職業　③犯罪防止　④殺風景
⑤銅像　⑥講演　⑦芸術　⑧混雑　⑨財産
⑩順路表示　⑪消毒液　⑫清潔
⑬入場制限　⑭略図　⑮規則

冬休み　まとめのテスト

78・79ページ　まとめのテスト1

1
①かぶ・さが　②かんばん・とど
③もけい・も　④ぼう・あな
⑤せんとう・こうふん　⑥ほうそう・す
⑦しげん・したが

2
①発券　②専門　③読本　④転勤　⑤地層
⑥批判　⑦操作　⑧三つ　⑨六月目
⑩六つ　⑪八つ　⑫十色　⑬法律　⑭済み

3
①俳　②主　③病　④樹

4
①オ　②ア　③イ　④ウ　⑤エ　⑥カ

5
①姿　②仁　③座　④潮

6
①1困　2因　②1夫　2天

7
①ア　②ア　③イ

8
①10(十)　②14(十四)　③10(十)

てびき

3 ④「樹木」は、同じ意味の漢字を重ねています。

4 ②同じ部首をもつ漢字はほかに、「円」

や「再」などがあります。

6 ①どちらも「くにがまえ」の漢字です。

7 ①「鉄鋼」は鉄材料そのものを表し、「鉄工」は鉄材料を使って工作することを表します。意味を考えて正しく使い分けましょう。

8 ③一～四画目が非常にまちがいやすいです。筆順を確認《にん》しておきましょう。

80・81ページ まとめのテスト②

1 ①げんせん・ひみつ ②はいいろ・ほうせき ③ゆう・しりぞ ④いっすん・い ⑤けんぽう・てんのう ⑥こうごう・へいか ⑦よくあさ(よくちょう)・さんちょう

2 ①著作権 ②一冊 ③腹部 ④派生 ⑤訪問 ⑥絹糸 ⑦除く ⑧宅配便 ⑨蒸気 ⑩聖火 ⑪染まる ⑫省庁 ⑬裁判所 ⑭自己

3 ①乱れる ②預かる ③至る ④疑わしい

4 ①盟 ②針 ③閣 ④臓 ⑤誠 ⑥映

5 ①1納める 2修める 3収める 4治める ②1善い 2良い

6 ①署 ②痛 ③党 ④務 ⑤石 ⑥縦

てびき

3 ④「疑しい」とならないように気をつけましょう。

4 ①「盟」には、固い約束を交《か》わす、たがいに結ぶ約束などという意味があり、「同盟」「盟主」などと使われます。

5 ①「納める」はお金や品物をわたすこと、「修める」は学問や技術を身につけること、「収める」は受け入れることやよい結果を得ること、「治める」は政治を行うことやよい状態にすることです。

6 ③「野党」とは、政権を担当していない政党のことです。

古典芸能への招待状 宇宙への思い

85・86ページ 練習のワーク

1 ①えんげき ②えんそう ③はっき ④かんしゅう ⑤しょう ⑥しょうらい ⑦ひてい ⑧みと ⑨そんちょう ⑩なんじょ ⑪われわれ ⑫きちょう ⑬とうと(たっと) ⑭むずか

2 ①演劇 ②演奏 ③発揮 ④観衆 ⑤承 ⑥将来 ⑦否定 ⑧認める ⑨尊重 ⑩難所 ⑪我々(我我) ⑫貴重 ⑬難

3 ①演劇を本格的に学ぶ。②観衆の前で演奏する。③伝統文化をけい承する。④将来有望な選手。⑤相手を尊重して認める。⑥貴重な追加点が入る。

漢字を使おう9 どう立ち向かう？ もしもの世界

89～91ページ 練習のワーク

1 ①しょせつ ②おやこうこう ③かん ④ばん ⑤まく ⑥た ⑦けんとう ⑧かくだい ⑨ほ ⑩ばくふ ⑪すいちょく

2 ①諸説 ②親孝行 ③干 ④晩 ⑤幕 ⑥垂らす ⑦検討 ⑧拡大 ⑨干 ⑩幕府 ⑪垂直

3 ①周囲で諸説を聞く。②非常に親孝行な少女。③干ばつが深刻化する。④晩ご飯の準備をする。⑤劇場の幕が開く。⑥つり糸を水の中に垂らす。⑦まだ検討の余地がある。⑧写真を拡大する。

4 ①持久走 ②基準 ③応 ④精 ⑤態度

⑥述べる　⑦大志　⑧成績　⑨張　⑩賞状
⑪授業　⑫習慣　⑬個性　⑭得意　⑮逆転
⑯険しい　⑰永遠　⑱経験　⑲支え

6年　仕上げのテスト

92・93ページ　仕上げのテスト❶

1
①かんしゅう・えんげき
②えんそう・しょう　③われわれ・はっき
④しょうらい・おやこうこう
⑤ひてい・そんちょう　⑥なんじょ・みと
⑦きちょう・けんとう

2
①針　②宝石　③灰色　④乱す　⑤退く
⑥一寸　⑦磁石　⑧翌朝　⑨諸説　⑩干
⑪晩　⑫幕　⑬垂らす　⑭拡大

3
①拝→俳　②合→后　③優→郵　④波→派
⑤個→戸

4 ①1探　2深　②1博　2専

5 ①1危　2険　②1映　2写

6 ①ウ　②ア　③イ　④エ

てびき

2 ⑫「幕」と似た漢字に「墓」があります。まちがえないようにしましょう。

3 ④「流派」とは、技芸・芸術などで、方法や様式などのちがいから区別される系統のことです。「茶道」や「空手」などはさまざまな流派があることで知られています。

4 ①「探」の部首は「扌(てへん)」、「深」の部首は「氵(さんずい)」です。部首から漢字の意味を考えると見分けがつけやすいです。

5 ②どちらも「うつ(す)」という訓読みがあります。

6 ④「しかばね」は人の横たわる姿からできた部首で、人体に関する漢字や家屋に関する漢字が多くあります。

94～96ページ　仕上げのテスト❷

1
①うら・ようちゅう　②はん・そうさく
③にゅう・はい　④たまご・たんじょうび
⑤そ・さが　⑥したが・かいしゅう
⑦きぬいと・おさ

2
①道筋　②胸　③紅茶　④異　⑤暮らし
⑥厳しい　⑦机　⑧背　⑨専門　⑩鉄骨
⑪著作権　⑫縦断　⑬困る　⑭尊重

3
①割れる　②映る　③退ける　④垂らす
⑤閉じる

4 ①秘　②忠　③簡　④存

5 ①ア　②イ　③ウ　④ア　⑤ア　⑥イ

6 ①奏　②障　③装

7 ①12(十二)　②16(十六)

8 ①訪　②視　③忘　④銭

9 ①1孝行　2高校　②1確信　2革新
③1強度　2郷土　④1想像　2創造

10 ①1　②4

11 ①ア　②ア　③ア　④イ

12 ①冊　②枚　③寸　④尺

てびき

3 ③「退ぞける」とならないように気をつけましょう。

4 ②「忠誠」とは、「君主や主人、所属する団体に対するいちずな真心」という意味です。

5 ①「諸＋問題」、②「延長＋戦」、③「衣＋食＋住」、④「電＋磁石」、⑤「雨＋模様」、⑥「食用＋油」という構成です。意味の切れ目を意識しましょう。

8 ①「言(ごんべん)」がつく漢字はほかに、「論」「訳」「認」などがあります。

9 ②「確信」は、疑う気持ちをもたずに強く信じること、「革新」は、制度や慣習を新しく変えることです。

10 ①「臨」の「臣」は筆順をまちがえやすい部分です。気をつけましょう。

3 2 1 0 9 8 7 6 5 4
＊ ＊ D C B A